Mit Bloch geht's doch

Ein philosophisches Lesebuch für Hoffnungsvolle

Ernst Bloch (1885–1977) gilt als einer der bedeutendsten Philosophen des 20. Jahrhunderts. Er emigrierte 1938 in die USA, lehrte nach dem Krieg in Leipzig und von 1961 bis zu seinem Tod in Tübingen. Sein Hauptwerk ›Das Prinzip Hoffnung‹ gilt als die Bibel der »Träume vom besseren Leben«.

Eine Welt, »in der alles gut ist oder zumindest besser« als im Moment: wer wünschte sich das nicht? Damit dieser Wunsch nicht im luftleeren Raum, in einem »schön wär's!«, hängen bleibt, sondern sich entwickeln kann, kommt die Phantasie ins Spiel – und schließlich die Hoffnung, dass selbst das scheinbar Unmögliche möglich wird. Die Hoffnung ist Anstoß und Triebfeder zugleich, bei aller Skepsis und jedem Zweifel zum Trotz an das Veränderbare zu glauben, darauf zu vertrauen, dass das, was noch nicht ist, irgendwann konkrete, reale Formen annimmt. Ideen, Beispiele, Impulse für die Verwirklichung von Träumen finden sich in diesem Buch zuhauf.

Günter Stolzenberger studierte Soziologie, Philosophie und Politik und lebt als freier Publizist in Frankfurt am Main. Er hat viele erfolgreiche Anthologien herausgegeben, als ›Lesebuch für Nachdenkliche‹ etwa: ›Mit Epikur auf Wandertour‹.

Mit Bloch geht's doch

Ein philosophisches Lesebuch für Hoffnungsvolle

Herausgegeben von
Günter Stolzenberger

dtv

MIX
Papier aus verantwortungsvollen Quellen
FSC® C019821

Originalausgabe 2021

Umschlaggestaltung: Katharina Netolitzky
Umschlagmotive: Katharina Netolitzky und shutterstock.com
Satz: Fotosatz Amann, Memmingen
Gesetzt aus der Garamond Pro
Druck und Bindung: Druckerei C.H.Beck, Nördlingen
Printed in Germany · ISBN 978-3-423-35040-2

Inhalt

2 – WEIL AUS WÜNSCHEN WEGE WERDEN

3 – ES KOMMT DARAUF AN, DAS HOFFEN ZU LERNEN

Vorwort

Die Welt ist nicht perfekt. So viel steht fest. Wie gäbe es sonst Tage, an denen man am frühen Morgen bei Sturm und Regen das Bett, und, was noch schlimmer ist, das Haus verlassen muss? Wie gäbe es Nachbarn, die am Samstag pünktlich zum Frühstück ihr nervtötendes Laubgebläse anwerfen, um ein Dutzend Blätter vor sich herzutreiben? Froh kann sein, wer keine anderen Gründe hat zu klagen. Denn es gibt sie jeden Tag: die Sorgen, die Nöte, die Schmerzen und Ängste. Das Leben ist kein Wunschkonzert und irgendwas ist immer. »Mal fehlt uns der Becher, mal fehlt uns der Wein.« Die Welt ist einfach nicht perfekt. Mancherorts ist sie sogar bis heute das Jammertal geblieben, in dem die Menschheit schon vor Tausenden von Jahren saß.

Um hier nicht den Mut zu verlieren, lohnt sich ein Blick in die Geologie. Er lehrt uns, dass jedes noch so tiefe Tal einen Ausgang hat. Ein Blick in die Vergangenheit wiederum lehrt uns, dass in jedem Jammertal eine Geschichte umgeht, die davon erzählt, was hinter diesem Ausgang liegt: das gelobte Land, die beste aller Welten, eine bezahlbare Wohnung mit Südbalkon, das Glück auf Erden – Träume, Phantasien, Utopien, die sich dem Jammern und Klagen entgegenstellen, um an ihrer Stelle ein zartes Pflänzchen aufkeimen zu lassen: die Hoffnung auf ein besseres Leben.

Sie keimt aus dem Mangel und ist am Anfang nicht mehr als ein Bild im Kopf, aber genau so ist der Gang der Dinge: »Alles, was heute ist, wurde gestern geträumt«, war gestern nur ein Wunsch; Abertausende werden jeden Tag in den Himmel geschickt, und nicht alle werden wahr. Manche aber schon. Warum das so ist, ist die Frage, um die es hier geht. Es geht um die hundsgemeine Not. Es geht darum, wunschgemäß zu leben, und vor allem geht es darum, dass der Weg von A nach B noch nie gefunden wurde, ohne zu hoffen. Die Welt ist nicht perfekt? Dann kommt es darauf an, das Hoffen zu lernen.

Wer könnte uns besser zeigen, wie das geht, als Ernst Bloch? Er ist in dieser Disziplin der unangefochtene Meister, denn er hat ein Leben lang dazu geforscht, und es gibt niemanden, der uns beredter und begeisterter seine Ergebnisse überlässt. Bloch ist eine wandelnde Enzyklopädie, eine, die raucht und wettert, manchmal donnerwettert, meistens aber brillante Sätze formuliert, die uns plötzlich verstehen lassen, wie die Dinge zusammenhängen. Dass er uns mit seiner bilderreichen Sprache die Kulturgeschichte erschließt, ist aber nicht alles. Er lässt uns auch teilhaben an einer vielversprechenden Entdeckung: Unsere Geschichte, ja die Geschichte des Lebens insgesamt, verläuft nach einem Prinzip – dem Prinzip Hoffnung!

Es besagt, dass jeglicher Fortschritt mit der Hoffnung auf ein besseres Leben beginnt. Wie das geht, ist kein

Geheimnis: Die Hoffnung besteht darauf, dass es das Bessere geben muss, und um das zu beweisen, stellt sie uns mehr oder weniger konkrete Zukunftsentwürfe vor, die einen ganz bestimmten Zweck verfolgen: unsere Aufmerksamkeit von den Notwendigkeiten ab- und zu den Möglichkeiten hinzulenken. Sie liegen noch hinterm Horizont, aber es gibt sie. In ihre Richtung könnte es weitergehen. Eine Perspektive ist entstanden, und das genügt, um unseren Willen zu wecken. Wenn er groß genug ist, um uns zu motivieren, hat die Hoffnung ihr erstes Ziel erreicht, ist aber noch nicht zu Ende.

Sie will, dass wir weiterhoffen. Und das können wir – mithilfe einer ganz simplen Technik. Wir beherrschen sie alle, sie ist kinderleicht. Die Hoffnung beginnt nämlich mit einem Tagtraum. Er entführt uns mal eben für Minuten aus unseren normalen Denkgewohnheiten, um uns in ganz andere Zusammenhänge zu stellen, glücklichere, freiere; sie sind nicht realistisch, aber wir befinden uns ja auch in einem Traum – noch dazu bei wachem Bewusstsein. Da kommt das Beste aus zwei Welten zusammen. Wir haben, um unsere Wünsche zu erfüllen, sozusagen freie Fahrt und können selbst bestimmen, wohin die Reise geht.

Sie geht zum wunschgemäßen Leben. Davon in den Tag zu träumen ist für Bloch keine Flucht vor der Wirklichkeit, sondern ein intelligentes Mittel, um die Welt zu verbessern. Träumer haben einen erheblichen Anteil daran. Sie denken ins Blaue hinein, dorthin, wo sich Kreativität und Phantasie entfalten können; im Handumdrehen bringen sie Dinge hervor, die uns ausgesprochen glücklich machen – so glücklich, dass sie am

Ende des Traumes nicht verschwinden. Sie bleiben uns im Hinterkopf erhalten: als Vorstellung einer möglichen Zukunft. Und das war nur ein kleiner Tagtraum.

Wird er konkreter, ausgefeilter, umfangreicher, kann eine Utopie daraus werden, eine große Erzählung von einer zukünftigen Welt, in der alles gut ist oder zumindest besser. Der Kontrast zur Gegenwart ist jedenfalls nicht zu übersehen; die Unterschiede treten deutlich hervor und spätestens hier stellt sich die Frage: Was hindert uns eigentlich daran? Die Antwort bleibt nicht lange aus: Es hindern uns Probleme. Womit wir dann zurück sind in der Wirklichkeit – aus der wir Probleme zur Genüge kennen. Seit der Erfindung des Faustkeils haben wir nichts anderes gemacht, als unsere Intelligenz an der Lösung von Problemen zu entwickeln. Wir wissen, damit umzugehen, beginnen also, sie zu zerlegen, um einen Ansatzpunkt zu finden, wir suchen nach Ursache, Wirkung und Zusammenhang, üben Kraft aus und bringen so die Sache in Bewegung. Manchmal geht das gut. Das Leben wird besser. Ein Traum wird wahr. Wir machen Fortschritte. Was daraus entsteht, nennen wir Kultur.

Für Bloch sind wir bis heute auf diesem Weg, und aus alten Kulturen sind dabei neue entstanden, weil jede wieder neue Träume und neue Hoffnungen hatte, neue Möglichkeiten sah und Mittel fand, sie zu verwirklichen – mit Versuch und Irrtum, mit Forschung und Wissenschaft, mit Technik, Köpfchen und Muskelkraft. Es ist immer wieder eine neue Herausforderung, und wenn wir sie annehmen, hat das nur einen Grund. Weil Menschen Hoffnung haben. Sie ist der eigentliche Motor der Geschichte, das impulsgebende Moment, das alles Weitere vorantreibt.

Die Richtung steht fest: Es geht aufwärts, »denn alles Hoffen geht auf Glückseligkeit«. Schon Kant sah, was Hoffnung für den Fortgang der Weltgeschichte bedeutet: Gerichtet auf das höchste Gut, führt sie uns zum Besseren, hier vor allem im Sinn eines moralisch Besseren verstanden. Bloch geht einen entscheidenden Schritt weiter. Für ihn ist Hoffnung eine Produktivkraft, die es zu nutzen gilt in unserer täglichen Auseinandersetzung mit der Wirklichkeit, die nur einen Grund hat, so zu sein, wie sie ist: damit sie besser werde. Die Gegenwart ist eine Zukunft, die noch nicht ist, aber das Baumaterial zu ihrer Verwirklichung schon enthält. Sogar im Überfluss. Die Erde meint es gut mit uns. Nur wissen wir noch nicht so recht, wie wir es anstellen sollen, mit ihr glücklich zu werden – eine verhältnismäßig junge und unerfahrene Spezies, die wir sind. Da wird es noch viele Versuche und Irrtümer geben. Aber immerhin: Wir irren uns empor. Es besteht Hoffnung.

Und wir können lernen. Wir sind in der Lage, Ideen zu entwickeln, Phantasien und Utopien. Wie sonst kommen wir inmitten einer habsüchtigen und kriegerischen Welt auf Gedanken wie Demokratie, Frieden, Nächstenliebe, Humanismus, Aufklärung, den kategorischen Imperativ? Was veranlasst ein eingefleischtes Raubtier auf zwei Beinen, sich eine Verfassung zu geben, die das Glück des Individuums zum Ziel hat? Für Bloch liegt die Antwort auf der Hand: weil es hofft.

Es hofft auch der Herausgeber dieses Buches, nämlich dass es seinen Leserinnen und Lesern gefallen wird. Es will nicht mehr als ein bisschen Hoffnung verbreiten und versammelt zu diesem Zweck Texte aus den Bereichen Philosophie, Wissenschaft und Literatur von der Antike bis zur unmittelbaren Gegenwart. Ernst Blochs Hauptwerk, ›Das Prinzip Hoffnung‹, setzt den Generalbass, nach dem sie komponiert sind. Entstanden ist daraus keine Symphonie, aber ein spannendes Buch, das hoffen lässt, ja, das uns zeigt, wie einfach es ist, Hoffnung zu haben. Es macht Mut, die Dinge nicht einfach hinzunehmen, beschreibt Möglichkeiten und Ziele und weist Wege, auf denen sie zu erreichen sind. Wer sie ausprobieren will, kann sich auf interessante Begleitung freuen, auf namhafte Leute. Sie sind in der gleichen Richtung unterwegs und haben was zu erzählen. Albert Einstein ist ebenso dabei wie Heraklit und Jürgen Habermas. Aber keine Angst, dies ist keine akademische Veranstaltung. Oscar Wilde, Joachim Ringelnatz, Juli Zeh und viele andere sind auch »ins Gelingen verliebt« und liefern uns gute Gründe, das Leben hoffnungsvoll anzugehen. So darf man immer dann, wenn das Leben mal wieder nicht perfekt ist, getrost darauf vertrauen: Mit Bloch geht's doch!

Günter Stolzenberger

1

DA KANN MAN JA NUR HOFFEN …

Von früh auf will man zu sich.
Aber wir wissen nicht, wer wir sind.
Nur dass keiner ist,
was er sein möchte oder könnte, scheint klar.
Von daher der gemeine Neid, nämlich auf diejenigen,
die zu haben, ja zu sein scheinen, was einem zukommt.
Von daher aber auch die Lust, Neues zu beginnen,
das mit uns selbst anfängt.
Stets wurde versucht, uns gemäß zu leben.

Ernst Bloch

Georg Büchner

Es war einmal ein arm Kind

Es war einmal ein arm Kind und hatt' kein Vater und keine Mutter, war alles tot, und war niemand mehr auf der Welt. Alles tot, und es is hingangen und hat gesucht Tag und Nacht. Und weil auf der Erde niemand mehr war, wollt's in Himmel gehn, und der Mond guckt es so freundlich an; und wie es endlich zum Mond kam, war's ein Stück faul Holz. Und da is es zur Sonn gangen, und wie es zur Sonn kam, war's ein verwelkt Sonneblum. Und wie's zu den Sternen kam, waren's kleine goldne Mücken, die waren angesteckt, wie der Neuntöter sie auf die Schlehen steckt. Und wie's wieder auf die Erde wollt, war die Erde ein umgestürzter Hafen. Und es war ganz allein. Und da hat sich's hingesetzt und geweint, und da sitzt es noch und is ganz allein.

Gustav Schwab

Wie das Übel in die Welt kam

Himmel und Erde waren geschaffen: das Meer wogte in seinen Ufern, und die Fische spielten darin; in den Lüften sangen beflügelt die Vögel; der Erdboden wimmelte von Tieren. Aber noch fehlte es an dem Geschöpfe, dessen Leib so beschaffen war, daß der Geist in ihm Wohnung machen und von ihm aus die Erdenwelt beherrschen konnte. Da betrat Prometheus die Erde, ein Sprößling des alten Göttergeschlechtes, das Zeus entthront hatte, ein Sohn des erdgebornen Uranossohnes Iapetos, kluger Erfindung voll. Dieser wußte wohl, daß im Erdboden der Same des Himmels schlummre; darum nahm er vom Tone, befeuchtete denselben mit dem Wasser des Flusses, knetete ihn und formte daraus ein Gebilde nach dem Ebenbilde der Götter, der Herren der Welt. Diesen seinen Erdenkloß zu beleben, entlehnte er allenthalben von den Tierseelen gute und böse Eigenschaften und schloß sie in die Brust des Menschen ein. Unter den Himmlischen hatte er eine Freundin, Athene, die Göttin der Weisheit. Diese bewunderte die Schöpfung des Titanensohnes und blies dem halbbeseelten Bilde den Geist, den göttlichen Atem ein.

So entstanden die ersten Menschen und füllten bald vervielfältigt die Erde. Lange aber wußten diese nicht, wie sie sich ihrer edlen Glieder und des empfangenen Götterfunkens bedienen sollten. Sehend sahen sie umsonst, hörten hörend nicht; wie Traumgestalten liefen sie umher und wußten sich der Schöpfung nicht zu bedienen. Unbekannt war ihnen die Kunst, Steine auszugraben und zu behauen, aus Lehm Ziegel zu brennen, Balken aus dem gefällten Holze des Waldes zu zimmern und mit allem diesem sich Häuser zu erbauen. Unter der Erde, in sonnenlosen Höhlen, wimmelte es von ihnen, wie von beweglichen Ameisen; nicht den Winter, nicht den blütenvollen Frühling, nicht den früchtereichen Sommer kannten sie an sicheren Zeichen; planlos war alles, was sie verrichteten.

Da nahm sich Prometheus seiner Geschöpfe an; er lehrte sie den Auf- und Niedergang der Gestirne beobachten, erfand ihnen die Kunst zu zählen, die Buchstabenschrift; lehrte sie Tiere ans Joch spannen und zu Genossen ihrer Arbeit brauchen, gewöhnte die Rosse an Zügel und Wagen; erfand Nachen und Segel für die Schiffahrt. Auch fürs übrige Leben sorgte er den Menschen. Früher, wenn einer krank wurde, wußte er kein Mittel, nicht was von Speise und Trank ihm zuträglich sei, kannte kein Salböl zur Linderung seiner Schäden; sondern aus Mangel an Arzneien starben sie elendiglich dahin. Darum zeigte ihnen Prometheus die Mischung milder Heilmittel, allerlei Krankheiten damit zu vertreiben. Dann lehrte er sie die Wahrsagerkunst, deutete ihnen Vorzeichen und Träume, Vogelflug und Opferschau. Ferner führte er ihren Blick unter die Erde und ließ sie hier das Erz, das Eisen, das Silber und das Gold entdecken; kurz, in alle Bequemlichkeiten und Künste des Lebens leitete er sie ein.

Im Himmel herrschte mit seinen Kindern seit kurzem Zeus, der seinen Vater Kronos entthront und das alte Göttergeschlecht, von welchem auch Prometheus abstammte, gestürzt hatte.

Jetzt wurden die neuen Götter aufmerksam auf das eben entstandene Menschenvolk. Sie verlangten Verehrung von ihm für den Schutz, welchen sie demselben angedeihen zu lassen bereitwillig waren.

Zu Mekone in Griechenland ward ein Tag gehalten zwischen Sterblichen und Unsterblichen, und Rechte und Pflichten der Menschen bestimmt. Bei dieser Versammlung erschien Prometheus als Anwalt seiner Menschen, dafür zu sorgen, daß die Götter für die übernommenen Schutzämter den Sterblichen nicht allzu lästige Gebühren auferlegen möchten. Da verführte den Titanensohn seine Klugheit, die Götter zu betrügen. Er schlachtete im Namen seiner Geschöpfe einen großen Stier, davon sollten die Himmlischen wählen, was sie für sich davon verlangten. Er hatte aber nach Zerstückelung des Opfertieres zwei Haufen gemacht; auf die eine Seite legte er das Fleisch, das Eingeweide und den Speck, in die Haut des Stieres zusammengefaßt, und den Magen oben darauf, auf die andere die kahlen Knochen, künstlich in das Unschlitt des Schlachtopfers eingehüllt. Und dieser Haufen war der größere. Zeus, der Göttervater, der allwissende, durchschaute seinen Betrug und sprach: »Sohn des Iapetos, erlauchter König, guter Freund, wie ungleich hast du die Teile geteilt!« Prometheus glaubte jetzt erst recht, daß er ihn betrogen, lächelte bei sich selbst und sprach: »Erlauchter Zeus, größter der ewigen Götter, wähle den Teil, den dir dein Herz im Busen anrät zu wählen.« Zeus ergrimmte im Herzen, aber geflissentlich faßte er mit beiden Händen das weiße Unschlitt. Als er es nun auseinandergedrückt und die bloßen Knochen gewahrte, stellte er sich an, als entdeckte er jetzt eben erst den Betrug, und zornig sprach er: »Ich sehe wohl, Freund Iapetionide, daß du die Kunst des Truges noch nicht verlernt hast!«

Zeus beschloß, sich an Prometheus für seinen Betrug zu rächen, und versagte den Sterblichen die letzte Gabe, die sie zur vollendeteren Gesittung bedurften, das Feuer. Doch auch dafür wußte der schlaue Sohn des Iapetos Rat. Er nahm den langen Stengel des markigen Riesenfenchels, näherte sich mit ihm dem vorüberfahrenden Sonnenwagen und setzte so den Stengel in glostenden Brand. Mit diesem Feuerzunder kam er hernieder auf die Erde, und bald loderte der erste Holzstoß gen Himmel. In innerster Seele schmerzte es den Donnerer, als er den fernhinleuchtenden Glanz des Feuers unter den Menschen emporsteigen sah.

Sofort formte er, da des Feuers Gebrauch den Sterblichen nicht mehr zu nehmen war, ein neues Übel für sie. Der seiner Kunst wegen berühmte Feuergott Hephaistos mußte ihm das Scheinbild einer schönen Jungfrau fertigen; Athene selbst, die, auf Prometheus eifersüchtig, ihm abhold geworden war, warf dem Bild ein weißes, schimmerndes Gewand über, ließ ihr einen Schleier über das Gesicht wallen, den das Mädchen mit den Händen geteilt hielt, bekränzte ihr Haupt mit frischen Blumen und umschlang es mit einer goldenen Binde, die gleichfalls Hephaistos seinem Vater zulieb kunstreich verfertigt und mit bunten Tiergestalten herrlich verziert hatte. Hermes, der Götterbote, mußte dem holden Gebilde Sprache verleihen und Aphrodite allen Liebreiz.

Also hatte Zeus unter der Gestalt eines Gutes ein blendendes Übel geschaffen; er nannte das Mägdlein Pandora, das heißt die Allbeschenkte, denn jeder der Unsterblichen hatte ihr irgendein unheilbringendes Geschenk für die Menschen mitgegeben. Darauf führte er die Jungfrau hernieder auf die Erde, wo Sterbliche vermischt mit den Göttern lustwandelten. Alle miteinander bewunderten die unvergleichliche Gestalt. Sie aber schritt zu Epimetheus, dem argloseren Bruder des Prometheus, ihm das Geschenk des Zeus zu bringen. Vergebens hatte diesen der Bruder gewarnt, niemals ein Geschenk vom olympischen Herrscher anzunehmen, damit dem Menschen kein Leid dadurch widerführe, sondern es sofort zurückzusenden. Epimetheus, dieses Wortes uneingedenk, nahm die schöne Jungfrau mit Freuden auf und empfand das Übel erst, als er es hatte. Denn bisher lebten die Geschlechter der Menschen, von seinem Bruder beraten, frei vom Übel, ohne beschwerliche Arbeit, ohne quälende Krankheit. Das Weib aber trug in den Händen ihr Geschenk, ein großes Gefäß mit einem Deckel versehen.

Kaum bei Epimetheus angekommen, schlug sie den Deckel zurück, und alsbald entflog dem Gefäße eine Schar von Übeln und verbreitete sich mit Blitzesschnelle über die Erde. Ein einziges Gut war zuunterst in dem

Fasse verborgen, die Hoffnung; aber auf den Rat des Göttervaters warf Pandora den Deckel wieder zu, ehe sie herausflattern konnte, und verschloß sie für immer in dem Gefäß. Das Elend füllte inzwischen in allen Gestalten Erde, Luft und Meer.

Moses

Der Sündenfall

Und die Schlange war listiger denn alle Tiere auf dem Felde, die Gott der HERR gemacht hatte, und sprach zu dem Weibe: Ja, sollte Gott gesagt haben: Ihr sollt nicht essen von den Früchten der Bäume im Garten?

Da sprach das Weib zu der Schlange: Wir essen von den Früchten der Bäume im Garten;

aber von den Früchten des Baumes mitten im Garten hat Gott gesagt: Eßt nicht davon, rührt's auch nicht an, daß ihr nicht sterbt.

Da sprach die Schlange zum Weibe: Ihr werdet mitnichten des Todes sterben;

sondern Gott weiß, daß, welches Tages ihr davon eßt, so werden eure Augen aufgetan, und werdet sein wie Gott und wissen, was gut und böse ist.

Und das Weib schaute an, daß von dem Baum gut zu essen wäre und daß er lieblich anzusehen und ein lustiger Baum wäre, weil er klug machte; und sie nahm von der Frucht und aß und gab ihrem Mann auch davon, und er aß.

Da wurden ihrer beiden Augen aufgetan, und sie wurden gewahr, daß sie nackt waren, und flochten Feigenblätter zusammen und machten sich Schürze.

Und sie hörten die Stimme Gottes des HERRN, der im Garten ging, da der Tag kühl geworden war. Und Adam versteckte sich mit seinem Weibe vor dem Angesicht Gottes des HERRN unter die Bäume im Garten.

Und Gott der HERR rief Adam und sprach zu ihm: Wo bist du?

Und er sprach: Ich hörte deine Stimme im Garten und fürchtete mich; denn ich bin nackt, darum versteckte ich mich.

Und er sprach: Wer hat dir's gesagt, daß du nackt bist? Hast du nicht gegessen von dem Baum, davon ich dir gebot, du solltest nicht davon essen?

Da sprach Adam: Das Weib, das du mir zugesellt hast, gab mir von dem Baum, und ich aß.

Da sprach Gott der HERR zum Weibe: Warum hast du das getan? Das Weib sprach: Die Schlange betrog mich also, daß ich aß.

Da sprach Gott der HERR zu der Schlange: Weil du solches getan hast, seist du verflucht vor allem Vieh und vor allen Tieren auf dem Felde. Auf deinem Bauche sollst du gehen und Erde essen dein Leben lang.

Und ich will Feindschaft setzen zwischen dir und dem Weibe und zwischen deinem Samen und ihrem Samen. Derselbe soll dir den Kopf zertreten, und du wirst ihn in die Ferse stechen.

Und zum Weibe sprach er: Ich will dir viel Schmerzen schaffen, wenn du schwanger wirst; du sollst mit Schmerzen Kinder gebären; und dein Verlangen soll nach deinem Manne sein, und er soll dein Herr sein.

Und zu Adam sprach er: Dieweil du hast gehorcht der Stimme deines Weibes und hast gegessen von dem Baum, davon ich dir gebot und sprach: Du sollst nicht davon essen, verflucht sei der Acker um deinetwillen, mit Kummer sollst du dich darauf nähren dein Leben lang.

Dornen und Disteln soll er dir tragen, und sollst das Kraut auf dem Felde essen.

Im Schweiße deines Angesichts sollst du dein Brot essen, bis daß du wieder zu Erde werdest, davon du genommen bist. Denn du bist Erde und sollst zu Erde werden.

Und Adam hieß sein Weib Eva, darum daß sie eine Mutter ist aller Lebendigen.

Und Gott der HERR machte Adam und seinem Weibe Röcke von Fellen und kleidete sie.

Und Gott der HERR sprach: Siehe, Adam ist geworden wie unsereiner und weiß, was gut und böse ist. Nun aber, daß er nicht ausstrecke seine Hand und breche auch von dem Baum des Lebens und esse und lebe ewiglich!

Da wies ihn Gott der HERR aus dem Garten Eden, daß er das Feld baute, davon er genommen ist,

und trieb Adam aus und lagerte vor den Garten Eden die Cherubim mit dem bloßen, hauenden Schwert, zu bewahren den Weg zu dem Baum des Lebens.

Juli Zeh

Schweißausbruch im Home Office

Als ES vor knapp zwei Jahren zum ersten Mal auftrat, dachte er, es sei eine Magenverstimmung oder ein Infekt. Er erinnert sich genau an den Tag. Der 2. Februar 2016. Bibbi war drei Monate alt und brüllte viel, vor allem nachts. Jonas hatte gerade beschlossen, nicht mehr in den Kindergarten zu gehen, und veranstaltete jeden Morgen ein schreckliches Theater. Auf der Arbeit kämpfte Henning mit dem Autor eines Projekts, das nicht fertig wurde, obwohl es im Verlagsprogramm bereits angekündigt war. Theresa war in Elternzeit und schlecht drauf, weil das Stillen sie stresste.

Als am Nachmittag ein paar Minuten Ruhe eintraten – Bibbi war endlich eingeschlafen, Theresa mit Jonas zum Schwimmen gefahren –, lag Henning auf der Couch im Wohnzimmer, genoss jede einzelne Sekunde, in der niemand jammerte oder schrie, und litt gleichzeitig an dem Wissen, jeden Augenblick wieder gestört werden zu können. Er musste sich entspannen, dringend, wenigstens für eine halbe Stunde, am besten kurz einschlafen, denn alles in ihm schrie: Ich kann nicht mehr.

Aber je mehr er versuchte, zur Ruhe zu kommen,

desto schneller schlug sein Herz. In der Magengrube kribbelte es, als stünde etwas Aufregendes bevor, ein öffentlicher Auftritt, ein schwieriges Autorengespräch oder eine Flugreise. Als es in seinen Eingeweiden zu rumoren begann, dachte Henning, er würde krank. Er dachte: Kein Wunder, und: Das hat gerade noch gefehlt. Irgendein Scheißinfekt aus dem Scheißkindergarten. Er musste sofort aufs Klo. Er lief ins Badezimmer, voller Hass auf sich selbst, weil sein Immunsystem versagte, weil er den Belastungen nicht standhielt, weil er es nicht schaffte, ausreichend für Theresa und die Kinder zu sorgen. Er stellte sich vor, wie die Magen-Darm-Grippe ihn niederwerfen würde. Wie er im Bett lag, während Theresa alles alleine machte und immer wütender wurde. Wie Jonas und Bibbi unentwegt nörgelten und schrien. Wie sich schließlich die ganze Familie bei ihm ansteckte und niemand mehr übrig wäre, der Kotze wegwischen, Betten beziehen und zur Apotheke fahren könnte.

Von der Toilette kehrte er zurück auf die Couch. Eigentlich wollte er sich einen Tee machen, fühlte sich aber zu schwach. Er legte sich hin, da begann es in seinen Ohren zu fiepen. Tinnitus, dachte er, dieses Geräusch bleibt für immer, und bei diesem Gedanken durchfuhr ihn die erste Welle kalter Angst. Seine Arme begannen zu kribbeln, an manchen Stellen schmerzte die Haut, als käme er aus großer Kälte ins Warme herein. Sein Mund war ausgetrocknet, die Kehle so eng, dass er kaum schlucken konnte. Er glaubte, keine Luft mehr zu bekommen, sprang auf, öffnete ein Fenster.

Dann begann das Stolpern. Sein Herz schlug wie rasend, setzte plötzlich aus, machte ein paar Hüpfer und nahm das gehetzte Tempo wieder auf. Bis es erneut aussetzte.

Henning wusste nicht, was mit ihm geschah. Er wusste nur, dass es aufhören musste, sofort, weil er es nicht ertrug. Er rannte Kreise durchs Wohnzimmer, zog sich an den Haaren, schlug mit der flachen Hand gegen den Kopf. Irgendwann fand sein Herz zum normalen Takt. Er bekam wieder Luft. Bibbi begann zu schreien. Dankbar für die Ablenkung holte er das Baby, trug es durch die Wohnung und machte »Sch-sch«, wobei er sich vor allem selbst beruhigte.

Henning erzählte Theresa nichts von dem Anfall. Er suchte einen Kardiologen auf. Der machte ein EKG und Ultraschall und befand, dass alles in Ordnung sei. Herzrhythmusstörungen träten bei vielen Menschen gelegentlich auf, die meisten merkten es nicht einmal. Die Ursachen seien vielfältig, Veranlagung, Stress, Verdauungsbeschwerden. Solange sich bei den Untersuchungen nichts zeige, bestehe kein Anlass zur Beunruhigung. Henning solle nach Hause gehen und sich des Lebens freuen. Und vielleicht etwas gegen den Stress tun.

Für Henning war das die schlimmstmögliche Diagnose. Wenn er nicht krank war, gab es auch nichts, das man heilen konnte.

Seitdem besucht ihn ES, wann immer es will. Es beginnt mit einem Brennen im Zwerchfell, wie eine Mischung aus Lampenfieber und Flugangst. Sein Herz fängt an zu rasen, dann zu stolpern. Hennings Körper und Geist geraten außer Kontrolle. Manchmal weckt ES ihn mitten in der Nacht. Er fährt dann aus dem Schlaf und bekommt keine Luft, muss sofort auf die Toilette, will schreien oder den Kopf an die Wand schlagen und unterlässt es, um niemanden zu wecken. Er rennt stattdessen durch den Flur, durchs Wohnzimmer, durch die Küche, bis sich sein Herz beruhigt, bis ES den Griff lockert und Henning eine halbe Stunde der Erleichterung schenkt, das armselige Glück, ein weiteres Mal überlebt zu haben.

Zwischen den Anfällen quält ihn die Angst vor den Anfällen. Sie macht es schwierig, irgendetwas anderes richtig wahrzunehmen. Für Henning ist das Leben zu einer Aneinanderreihung von inneren Zuständen geworden, schlechten, sehr schlechten und halbwegs guten. Schönes Wetter und berufliche Erfolge betreffen ihn nicht mehr. Alles Kulisse. Manchmal schaut er Theresa oder die Kinder an und weiß, dass er sie liebt, ohne irgendetwas zu empfinden. Meistens vergrößern die Kinder seine Angst. Ihre Schwäche, ihre Bedürftigkeit, ihre Forderungen. Die Vorstellung, in einer psychiatrischen Anstalt zu landen und nicht mehr für sie da sein zu können. Am schlimmsten ist, dass er nicht mehr in Ruhe denken kann, wie er es früher getan hat, einfach so vor sich hin, minutenlang, stundenlang, ohne dass von irgendeiner Seite Gefahr drohen würde.

Seltsamerweise merkt man ihm das alles offenbar nicht an. Andere Menschen reden völlig normal mit ihm, schauen ihm ins Gesicht, stellen Fragen, machen Witze, über die er lachen soll. Während er innerlich nur damit beschäftigt ist, das Richtige zu denken, ES nicht zu wecken, die Atmung zu kontrollieren. Trotz allem erlaubt ihm die Angst vor den Anfällen, im Alltag zu funktionieren. Aber sie macht den Alltag zur Hölle. Er ist allein, eingesperrt in seinem persönlichen Fegefeuer.

Im Lauf der Monate wurde klar, dass ES nicht von selbst wieder verschwinden würde. Henning probierte alles. ES zulassen. Nicht gegen ES kämpfen. Autogenes Training. Progressive Muskelrelaxation. Kein Alkohol, keine Kohlenhydrate, kein Saccharin. ES blieb. Schließlich erzählte er Theresa davon. Sie sagte »Burnout« und empfahl, zum Psychologen zu gehen.

Henning will nicht zum Psychologen, schon beim Gedanken an den Kardiologen hebt ES den Kopf. Stattdessen hat er im Internet nachgelesen, Belastungsstörungen, Stresssyndrome, Erschöpfungsdepression. Alles, was er dort über die Ursachen liest, scheint auf ihn zu passen. Aber es passt auch auf jeden anderen, den er kennt, auf Theresa, seine Kollegen, Luna, seine Mutter. Er arbeitete sich durch die einschlägigen Webseiten, Panikattacken, generalisierte Angststörung. Fast alles, was er gelesen hat, erkennt er wieder, es beschreibt genau das, was er durchleidet. Nur dass es partout keinen Sinn ergibt, warum die Symptome ausgerechnet ihn befallen. Das sagt sich Henning immer wieder: Ihm geht es doch gut! Besser als den meisten Menschen auf der Welt. Er hat gar kein Recht auf eine Belastungsstörung. Er führt eine gute Ehe, hat zwei gesunde Kinder, eine schöne Wohnung mit Home Office, keine ernsthaften finanziellen Sorgen. Sie fahren mindestens einmal im Jahr in Urlaub. Er mag sogar seinen Job. Bibbi kommt langsam aus dem Gröbsten heraus, Jonas hat sich an die kleine Schwester gewöhnt, beide gehen in den Kindergarten, sind nicht häufiger krank als andere Kinder. Vielleicht sind sie ein bisschen anstrengender als der Durchschnitt, aber das ist, wie Henning und Theresa fest glauben, eine Folge von hoher Intelligenz.

Für ES gibt es keinen triftigen Grund. ES hat mit Henning nichts zu tun. Außer, dass es ihn bewohnt. Ein Tier, ein Parasit, ein Alien, das demnächst seine Bauchdecke durchstoßen wird. In früheren Zeiten hätte man vielleicht von einem Dämon gesprochen; vielleicht hätte man Henning exorziert.

Das Radfahren tut gut. Als würde die Angst von seinem Bauch in die Beine geleitet und dort verbrannt. Hennings Herz schlägt normal. ES hat sich zurückgezogen, sich wieder schlafen gelegt. Am liebsten würde er für den Rest seines Lebens auf dem Fahrrad bleiben. Im Grunde, denkt er, bin ich in diesem Moment völlig normal. Ein Mann im Urlaub auf einem Rad, im Kampf gegen den Wind, angespornt vom grandiosen Anblick der Landschaft. Urzeitlich, vormenschlich. Eine Neujahrsfahrt durch eine Gegend ohne Vergangenheit.

Giovanni Pico della Mirandola

Das Geschenk des freien Willens

Bereits hatte Gottvater, der höchste Baumeister, dieses irdische Haus der Gottheit, das wir jetzt sehen, diesen Tempel des Erhabensten, nach den Gesetzen einer verborgenen Weisheit errichtet. Das überirdische Gefilde hatte er mit Geistern geschmückt, die ätherischen Sphären hatte er mit ewigen Seelen belebt, die materiellen und fruchtbaren Teile der unteren Welt hatte er mit einer bunten Schar von Tieren angefüllt. Aber als er dieses Werk dann vollendet hatte, da wünschte der Baumeister, es möge jemand da sein, der die Vernunft eines so hohen Werkes nachdenklich erwäge, seine Schönheit liebe, seine Größe bewundere. Deswegen dachte er, nachdem bereits alle Dinge fertiggestellt waren, wie es Moses und der Timaeus bezeugen, zuletzt an die Schöpfung des Menschen. Nun befand sich aber unter den Archetypen in Wahrheit kein einziger, nach dem er einen neuen Sprößling hätte bilden sollen. Auch unter seinen Schätzen war nichts mehr da, was er seinem neuen Sohne hätte als Erbe schenken sollen, und unter den vielen Ruheplätzen des Weltkreises war kein einziger mehr vorhanden, auf dem jener Betrachter des

Universums hätte Platz nehmen können. Alles war bereits voll, alles unter die höchsten, mittleren und untersten Ordnungen der Wesen verteilt. Aber es wäre der väterlichen Allmacht nicht angemessen gewesen, bei der letzten Zeugung zu versagen, als hätte sie sich bereits verausgabt. Es hätte der Weisheit nicht geziemt, wenn sie aus Mangel an Rat in einer notwendigen Sache geschwankt hätte. Es wäre der milden Liebe nicht würdig gewesen, daß derjenige, der bei andern Geschöpfen die göttliche Freigebigkeit loben sollte, bei sich selbst gezwungen wäre, diese zu verdammen.

Daher beschloß denn der höchste Künstler, daß derjenige, dem etwas Eigenes nicht mehr gegeben werden konnte, das als Gemeinbesitz haben sollte, was den Einzelwesen ein Eigenbesitz gewesen war. Daher ließ sich Gott den Menschen gefallen als ein Geschöpf, das kein deutlich unterscheidbares Bild besitzt, stellte ihn in die Mitte der Welt und sprach zu ihm: »Wir haben dir keinen bestimmten Wohnsitz noch ein eigenes Gesicht, noch irgendeine besondere Gabe verliehen, o Adam, damit du jeden beliebigen Wohnsitz, jedes beliebige Gesicht und alle Gaben, die du dir sicher wünschst, auch nach deinem Willen und nach deiner eigenen Meinung haben und besitzen mögest. Den übrigen Wesen ist ihre Natur durch die von uns vorgeschriebenen Gesetze bestimmt und wird dadurch in Schranken gehalten. Du bist durch keinerlei unüberwindliche Schranken gehemmt, sondern du sollst nach deinem eigenen freien Willen, in dessen Hand ich dein Geschick gelegt habe, sogar jene Natur dir selbst vorherbestimmen. Ich habe dich in die Mitte der Welt gesetzt, damit du von dort bequem um dich schaust, was es alles in dieser Welt gibt.

Wir haben dich weder als einen Himmlischen noch als einen Irdischen, weder als einen Sterblichen noch als einen Unsterblichen geschaffen, damit du als dein eigener, vollkommen frei und ehrenhalber schaltender Bildhauer und Dichter dir selbst die Form bestimmst, in der du zu leben wünschst. Es steht dir frei, in die Unterwelt des Viehes zu entarten. Es steht dir ebenso frei, in die höhere Welt des Göttlichen dich durch den Entschluß deines eigenen Geistes zu erheben.«

Immanuel Kant

Sein eigen Werk

Die Natur hat gewollt: daß der Mensch alles, was über die mechanische Anordnung seines tierischen Daseins geht, gänzlich aus sich selbst herausbringe, und keiner anderen Glückseligkeit, oder Vollkommenheit, teilhaftig werde, als die er sich selbst, frei von Instinkt, durch eigene Vernunft, verschafft hat. Die Natur tut nämlich nichts überflüssig, und ist im Gebrauche der Mittel zu ihren Zwecken nicht verschwenderisch. Da sie dem Menschen Vernunft und darauf sich gründende Freiheit des Willens gab: so war das schon eine klare Anzeige ihrer Absicht in Ansehung seiner Ausstattung. Er sollte nämlich nun nicht durch Instinkt geleitet, oder durch anerschaffene Kenntnis versorgt und unterrichtet sein; er sollte vielmehr alles aus sich selbst herausbringen. Die Erfindung seiner Nahrungsmittel, seiner Bedeckung, seiner äußeren Sicherheit und Verteidigung, alle Ergötzlichkeit, die das Leben angenehm machen kann, selbst seine Einsicht und Klugheit, und so gar die Gutartigkeit seines Willens, sollten gänzlich sein eigen Werk sein. Sie scheint sich hier in ihrer größten Sparsamkeit selbst gefallen zu haben, und ihre tierische Ausstattung so knapp, so genau auf das höchste Bedürfnis einer anfänglichen Existenz abgemessen zu haben, als wollte sie: der Mensch sollte, wenn er sich aus der größten Rohigkeit dereinst zur größten Geschicklichkeit, innerer Vollkommenheit der Denkungsart, und (so viel es auf Erden möglich ist) dadurch zur Glückseligkeit empor gearbeitet haben würde, hievon das Verdienst ganz allein haben, und es sich selbst nur verdanken dürfen; gleich als habe sie es mehr auf seine vernünftige *Selbstschätzung,* als auf ein Wohlbefinden angelegt. Denn in diesem Gange der menschlichen Angelegenheit ist ein ganzes Heer von Mühseligkeiten, die den Menschen erwarten. Es scheint aber der Natur darum gar nicht zu tun gewesen zu sein, daß er wohl lebe; sondern, daß er sich so weit hervorarbeite, um sich, durch sein Verhalten, des Lebens und des Wohlbefindens würdig zu machen. Befremdend bleibt es immer hiebei: daß die ältern Generationen nur scheinen um der späteren willen ihr mühseliges Geschäft zu treiben, um nämlich diesen eine Stufe zu bereiten, von der diese das Bauwerk, welches die Natur zur Absicht hat, höher bringen könnten; und daß doch nur die spätesten das Glück haben sollen, in dem Gebäude zu wohnen, woran eine lange Reihe ihrer Vorfahren (zwar freilich ohne ihre Absicht) gearbeitet hatten, ohne doch selbst an dem Glück, das sie vorbereiteten, Anteil nehmen zu können. Allein so rätselhaft dieses auch ist, so notwendig ist es doch zugleich, wenn man einmal annimmt: eine Tiergattung soll Vernunft haben, und als Klasse vernünftiger Wesen, die insgesamt sterben, deren Gattung aber unsterblich ist, dennoch zu einer Vollständigkeit der Entwickelung ihrer Anlagen gelangen.

Johann Gottfried Herder

Humanität

Wir sahen, daß der Zweck unsres jetzigen Daseins auf Bildung der Humanität gerichtet sei, der alle niedrigen Bedürfnisse der Erde nur dienen und selbst zu ihr führen sollen. Unsre Vernunftfähigkeit soll zur Vernunft, unsre feinern Sinne zur Kunst, unsre Triebe zur echten Freiheit und Schöne, unsre Bewegungskräfte zur Menschenliebe gebildet werden; entweder wissen wir nichts von unsrer Bestimmung und die Gottheit täuschte uns mit allen ihren Anlagen von innen und außen (welche Lästerung auch nicht einmal einen Sinn hat) oder wir können dieses Zwecks so sicher sein als Gottes und unsers Daseins.

Und wie selten wird dieser ewige, dieser unendliche Zweck hier erreicht!

Entweder irrte sich also der Schöpfer mit dem Ziel, das er uns vorsteckte und mit der Organisation, die er zu Erreichung desselben so künstlich zusammengeleitet hat: oder dieser Zweck geht über unser Dasein hinaus und die Erde ist nur ein Übungsplatz, eine Vorbereitungsstätte. Jedes Tier erreicht, was es in seiner Organisation erreichen soll; der einzige Mensch erreicht's nicht, eben weil sein Ziel so hoch, so weit, so unendlich ist und er auf unsrer Erde so tief, so spät, mit so viel Hindernissen von außen und innen anfängt. Dem Tier ist die Muttergabe der Natur, sein Instinkt, der sichre Führer; es ist noch als Knecht im Hause des obersten Vaters und muß gehorchen. Der Mensch ist schon als Kind in demselben und soll, außer einigen notdürftigen Trieben alles was zur Vernunft und Humanität gehört, erst lernen.

Und so können wir auch leicht ahnen, was aus unsrer Menschheit allein in jene Welt übergehen kann; es ist eben diese gottähnliche Humanität die verschlossene Knospe der wahren Gestalt der Menschheit. Solche Absicht hatte die Natur bei allen Bedürfnissen der Erde; jedes derselben sollte eine Mutterhülle sein, in der ein Keim der Humanität sproßte. Glücklich, wenn er gesproßt ist; er wird unter dem Strahl einer schönern Sonne Blüte werden. Wahrheit, Schönheit und Liebe waren das Ziel, nach dem der Mensch in jeder seiner Bemühungen, auch ihm selbst unbewußt und oft auf so unrechten Wegen strebte; das Labyrinth wird sich entwirren, die verführenden Zaubergestalten werden schwinden und ein jeder wird, fern oder nahe, nicht nur den Mittelpunkt sehn, zu dem sein Weg geht, sondern du wirst ihn auch, mütterliche Vorsehung, unter der Gestalt des Genius und Freundes, des er bedarf, mit verzeihender sanfter Hand selbst zu ihm leiten.

Karl Löwith

Mangelwesen Mensch

Tiere und Pflanzen scheinen ganz und gar zu sein, was sie sind, sie haben keine Sorge um ihr »Ganzseinkönnen«. Sie haben von Natur aus die Formel ihres Lebens, nur der Mensch hat sie nicht. Er sucht sie, versucht es mit ihr, er experimentiert; er ist, mit Nietzsche gesagt, ein »unfestgestelltes Tier«, das über sich selbst hinaus will und hinter sich selbst zurückbleibt, ein »Mangelwesen«, wenn man sein Wesen vom Tier oder auch von Gott her bestimmt. In diesem Mangel an tierischer Selbstgenügsamkeit und göttlicher Vollkommenheit liegt das Positive des Menschseins. Kristalle schießen von selbst nach natürlichen Regeln zusammen; Pflanzensamen verwurzeln sich im Dunkel der Erde und wachsen empor zum Sonnenlicht; Würmer kriechen, Rehe laufen, Fische schwimmen, Vögel fliegen. Sie alle haben ihr festbegrenztes natürliches Wesen und eine ihm gemäße Verhaltensweise. Der Mensch lebt als Lebewesen zwar auch nach natürlichen Regeln. Er kann nicht anders leben und atmen, sich ernähren und fortzeugen, als er es von Natur aus muß. Aber zugleich existiert er in einer Weise, die weitgehend unfestgelegt und offen für unabgeschlossene Möglichkeiten ist. Die Nähe des Menschen zum tierischen Lebewesen, ineins mit seiner Entferntheit von ihm, macht den Menschen schon biologisch zu einem Rätsel, das sich nicht einfach, nach der einen Seite des allgemeinen Lebens oder nach der anderen Seite der je eigenen Existenz, simplifizieren und auflösen läßt. Er ist ein Naturwesen und zugleich zur Humanität bestimmt. Wie verhält sich aber diese zu jenem? Ist die Humanität bloß eine spätantike Auslegung und nur bezeichnend für den »bisherigen« Menschen, oder muß sie, um für den Menschen als solchen verbindlich zu sein, zu seiner Natur gehören? Aber wie könnte sie zu ihr gehören, wenn diese Natur des Menschen nicht schon immer und von vornherein eine menschliche wäre?

Wir bezeichnen in Europa diese Bestimmung des Menschen seit langem mit einem Wort lateinischer Herkunft, mit *humanitas* (umanità, humanité, humanidad, humanity). Die scheinbare Tautologie, welche darin liegt, daß wir das Wesen des *homo* »*humanitas*« nennen, ist nur dadurch sinnvoll, daß der Mensch, dessen Wesen bestimmt werden soll, und die Menschlichkeit, die ihn näher bestimmen soll, nicht dieselbe Bedeutung haben. Wenn Herder sagt, der Mensch sei *zur* Humanität bestimmt, so meint die Humanität eine menschengeschichtliche Aufgabe, jedoch bezogen auf den Menschen als natürliches Lebewesen. Die Humanität ist die »Kunst unseres Geschlechts«, etwas, wozu sich das Naturwesen Mensch heraufbilden muß, um nicht zur Brutalität herabzusinken. Die Humanität, wie sie Herder versteht, beruht auf einer kunstvollen Kultivierung des Menschengeschlechts, aber ihre Grundlage ist und bleibt die Naturbeschaffenheit des Menschen, die ihrerseits in einer sie umfassenden Naturgeschichte gründet. Kopernikus und Newton, Kant und Buffon, Linné und Swammerdam bezeichnen in Herders *Ideen zur Philosophie der Geschichte der Menschheit* den Weg zur Humanität, weil diese Naturforscher mit der Natur auch den Weg zum Menschen entdeckten. Was Herder zeigen will, ist die Einheit des gesamten Naturgeschehens, von der Organisation der Materie bis zur Humanität des Menschen. Das Tierreich ist eine unerläßliche »Vorübung« zum Menschen, dessen Humanität als die Folge seines aufrechten Ganges zur Ausbildung kommt. Der Schwerpunkt von Herders Humanitätsidee liegt aber doch auf dem »unermeßlichen Vorzug« des Menschen, welcher sich in der Fähigkeit zur Sprache und Schrift, zu vernünftiger Gesittung und Religion bekundet.

Abgesehen von diesem naturphilosophischen Hintergrund hat Herders Idee von der Humanität, wie schon das Wort *humanitas* anzeigt, ihre Herkunft in der römischen Spätantike. Die wichtigste literarische Quelle sind dafür Ciceros Schriften. Der Humanismus des 15. Jahrhunderts hat diese antike Überlieferung wieder aufgenommen und in zahlreichen Traktaten *Über die Würde des Menschen* neu belebt. *Humanitas* ist sinnverwandt mit *urbanitas* und umfaßt im römischen Sprachgebrauch all jene Vorzüge des Menschen, die heute noch den englischen Begriff des gentleman auszeichnen. Der Mensch ist nur menschlich, wenn er »gentle« ist, d. h. nicht grob und gewalttätig, sondern gesittet und maßhaltend, sich von seinen unmittelbaren Antrieben zurückhaltend. Der *gentleman* ist großmütig und freimütig und zugleich reserviert. Humanitas ist *mansuetudo* und *suavitas.* Der humane Mensch ist im engeren und weiteren Sinn »gebildet«, er ist nicht unwissend und unkultiviert. Der durchgebildete Mensch ist nicht roh und starrköpfig, schwerfällig und unduldsam, sondern leichtbeweglich, anmutig, höflich. Zugleich ist er seiner selbst so sicher, daß er gegen Andersartige und Andersdenkende gelassen sein kann. Er versteht sich auf die Kunst des Lebens. Sein Gegensatz ist der Barbar, der plump und stumpf, gewaltsam und brutal und darum eigentlich gar kein Mensch ist.

Diese Idee vom Menschen als einem *gentleman* ist historisch keineswegs auf die römische Spätantike beschränkt. Sie findet sich ebenso bei Aristoteles und Konfuzius, im chinesischen Begriff des *Chün-Tzu* und im griechischen des *megalopsyches.* Sie hat sich im mittelalterlichen Ideal der Ritterlichkeit und im gentiluomo der Renaissance auch innerhalb des Christentums durchgesetzt. Bei Montaigne und Pascal wird die Würde und Größe des Menschen mit seinem christlich verstandenen Elend, die »grandeur et misère« in der »condition humaine« zusammengedacht. Innerhalb des deutschen Humanismus hat Herder in seinen *Briefen zur Beförderung der Humanität* den spätantiken Gehalt neu zu beleben versucht. Die *humanitas* wird bei ihm beinahe zur *divinitas* des Menschen.

Seit Herder hat niemand mehr »Briefe zur Beförderung der Humanität« verfaßt. Fragt man sich, weshalb sich die Idee der Humanität, trotz Lessing, Herder und Goethe, nicht lebendig erhalten hat, so liegt es nahe zu meinen, daß sie der allgemein um sich greifenden Vermassung,

Vergröberung und Vergemeinerung aller menschlichen Beziehungen zum Opfer fiel. Sie könnte aber auch an sich selbst zugrunde gegangen sein, an einer inneren Schwäche, die gerade in ihrer scheinbaren Stärke liegt, nämlich an ihrem fragwürdigen Anspruch auf Eigenständigkeit. Der Verfall der Humanität könnte daher kommen, daß der Mensch versucht hat, das Maß seiner Menschlichkeit aus sich selbst zu entnehmen, wobei er sich von allem entfernt und entblößt hat, was ihn noch tragen und begründen könnte. Dann würde die Hinfälligkeit der Humanität darauf beruhen, daß der Mensch seinen Bestand verliert, wenn er versucht, sich ganz auf sich selbst zu stellen. In der Tat setzt ja Herders Idee von der Humanität voraus, daß der Mensch sein Maß nicht von etwas anderem und Höherem empfängt, sondern es aus sich selber entnimmt. In der griechischen Philosophie bedeutet ein Mensch sein soviel wie ein Sterblicher sein, nämlich im Unterschied zu den unsterblichen Göttern. »Gott«, heißt es bei Plato, »ist uns doch wohl das Maß aller Dinge, weit mehr als etwa, wie man sagt, so irgendein Mensch.« In der christlichen Theologie ist der Mensch überhaupt nur Mensch, sofern er ein Geschöpf und Ebenbild Gottes ist. Er ist Mensch, weil er Christ ist, d. h. weil und sofern sich das Mensch-sein nicht an der eigenen Humanität, sondern an Christus als dem Gottmenschen bemißt. Eine letzte Ausprägung der platonisch-christlichen Bestimmung des Menschen vom Göttlichen her ist Hegels Begriff vom Menschen als »Geist«. Nur er ist in Hegels Philosophie des absoluten Geistes das Wesentliche und Göttliche im Menschen, wogegen die bloße Vorstellung »Mensch« von Hegel in den Bereich der ökonomischen Bedürfnisse des bürgerlichen Menschen verwiesen wird. Erst im 19. Jahrhundert emanzipierte sich die philosophische Anthropologie von einer sie umfassenden und begründenden Kosmologie und Theologie, um schließlich alle bisherigen Ideen vom Menschen, ineins mit der Idee von Gott, verenden zu lassen im »einzigen Ich« der nackten Selbstbehauptung von Stirner, der die Welt als eine je eigene zu seinem verbrauchbaren Eigentum hat. […]

Der Umschlag der Idee der Humanität in das Zerrbild des Widermenschlichen verweist auf die Notwendigkeit einer Neuorientierung des Menschen. Aber woran soll man ihn orientieren, wenn nicht an etwas Bleibendem: an der immer gleichen Natur auch des Menschen, die so alt ist wie der Mensch selber. Indem wir versuchen, die Humanität aus der Natur des Menschen zu begründen und nicht aus einer wandelbaren Idee oder einem Ideal, wird es freilich nicht ausbleiben können, daß auch für uns die sogenannte Natur des Menschen nicht mehr so fraglos ist wie noch vor hundertsechzig Jahren für Herder.

Wer über die Natur des Menschen im Blick auf seine Menschlichkeit nachdenkt, kann heute nicht umhin, sich zunächst an Nietzsche zu orientieren, weil er der Erste und Einzige ist, der die überlieferte Idee vom Menschen, seine »Humanität« bis an die äußerste Grenze in Frage stellte, ohne sie preiszugeben.

Nietzsche denkt den Menschen stets im Blick auf das Tier, aber nicht, weil er die Frage nach dem Menschen zoologisch einschränken wollte, sondern weil er sie in den weiten Zusammenhang mit der sie umfassenden Frage nach dem Verhältnis des »Bruchstücks« Mensch zum Ganzen des Seienden, d. h. zum Sein der physischen Welt, zurückstellte. Dem Menschen am nächsten ist aber die Naturwelt im Tierreich. Nietzsches vielfache Benennungen des Menschen als eines eigenartigen Tieres verweisen nicht auf die traditionelle Abgrenzung des Menschen vom Tier als eines animal »rationale«, sondern auf den *einen* »Gesamtcharakter des Lebens«. Der Mensch ist ein »interessanteres« Tier als alle anderen Tiere zusammen; er ist »gefährdeter« und »gefährlicher«, ein »mutiges« und »grausames«, aber auch ein an sich selber »leidendes« und »mißratenes« Tier; ein »domestiziertes«, aber auch ein »Raubtier«; ein »lachendes« und ein »weinendes«; ein »Untier« und »Übertier«. Er ist im ganzen gesehen ein »unfestgestelltes« Tier.

Dieser dem Tier abgründig verwandte Mensch war einstmals festgestellt gewesen, nämlich durch den Glauben an eine oberste göttliche Autorität, welche ihm sagte, was er ist, und ihm befahl, was er sein soll. Mit dem Wegfall dieser Autorität, welche bisher die Menschennatur überhöht und bestimmt hat, verliert der Mensch seine feste Stellung zwischen Gott und Tier. Er befindet sich nun, auf seinen eigenen Willen gestellt, vor der Möglichkeit eines Aufstiegs zum Übermenschen oder eines Herabsinkens zum Herdentiermenschen. Die allgemein zur Herrschaft gekommene Tendenz der gegenwärtigen Menschheit ist die zur gleichmachenden Feststellung. Das Feststellen geschieht als ein Gleichstellen. Unter der Herrschaft der »Gattungs-Zweckmäßigkeit« ist das Ziel, »den Menschen ebenso gleichmäßig und fest zu machen, wie es schon in Betreff der meisten Tiergattungen geschehen ist«. Dem entgegen will Nietzsche-

Zarathustra eine »Überwindung« des Menschen, der einstmals in einem hohen und anspruchsvollen Sinne festgestellt war und nun in einem durchschnittlichen Sinne festgemacht wird. Das Sinnbild für diesen Weg zur Selbstüberwindung ist Zarathustras Über- und Hinübergang über die »Brücke« Mensch. Daß der Mensch das noch nicht festgestellte Tier ist, bedeutet also nicht, daß ihn Nietzsche durch ein »Vorstellen« in der Gestalt des Zarathustra allererst feststellen will, sondern daß er dem sich verfestigenden Menschentypus den experimentierenden Willen zur Überwindung entgegenhält, für den nur eines feststeht, nämlich dies, daß der Gott losgewordene und damit auf sich selbst gestellte Mensch sich selber befehlen können muß, um fähig zu sein, die Herrschaft über die Erde anzutreten. Er muß sich selber sagen können, ob er überhaupt und wie er künftig noch sein will. Es gehört zur eigentümlichen Größe und Gefahr des rätselhaften und widerspruchsvollen Tieres »Mensch«, daß er mehr will und wagt als irgendein Tier und darum unsicherer und unfestgestellter ist als alle übrigen Tiere zusammen.

Reiner Kunze

Mensch

Der Mensch! Der Mensch!« sagte sie, aufbegehrend gegen das Gemessenwerden mit dem Maß der Maße. »Was ist denn der Mensch! Nicht einmal ein Virus! Schon wenn du an unsere Galaxie denkst. Und wie viele Galaxien gibt's denn!«

An einem Montagvormittag aber, während zweier Freistunden, läuft sie, nicht einmal ein Virus, von Schallplattengeschäft zu Schallplattengeschäft und fragt nach dem Konzert für zwei Cembali und Streichorchester, c-Moll, Bachwerkeverzeichnis 1060, das sie am Sonntag gehört hat.

2

WEIL AUS WÜNSCHEN WEGE WERDEN

Der Mensch liegt sich in diesem Zustand auf der Zunge,
er weiß nur noch nicht, wie er schmeckt.

Ernst Bloch

Alles Schwere auf Erden beginnt stets als Leichtes.
Alles Große auf Erden beginnt stets als Kleines.

Laotse

Rainer Maria Rilke

Einen Anfang muß es geben

Denn einen Anfang muß es doch geben, und wenn man ihn zu fassen bekäme, das wäre immer schon etwas. Ach Malte, wir gehen so hin, und mir kommt vor, daß alle zerstreut sind und beschäftigt und nicht recht achtgeben, wenn wir hingehen. Als ob eine Sternschnuppe fiele und es sieht sie keiner und keiner hat sich etwas gewünscht. Vergiß nie, dir etwas zu wünschen, Malte. Wünschen, das soll man nicht aufgeben. Ich glaube, es giebt keine Erfüllung, aber es giebt Wünsche, die lange vorhalten, das ganze Leben lang, so daß man die Erfüllung doch gar nicht abwarten könnte.

Johann Wolfgang Goethe

Wünsche sind Vorgefühle

Ich war im Wirtshaus »Zum Geist« abgestiegen und eilte sogleich, das sehnlichste Verlangen zu befriedigen und mich dem Münster zu nähern, welches durch Mitreisende mir schon lange gezeigt und eine ganze Strecke her im Auge geblieben war. Als ich nun erst durch die schmale Gasse diesen Koloß gewahrte, sodann aber auf dem freilich sehr engen Platz allzu nah vor ihm stand, machte derselbe auf mich einen Eindruck ganz eigner Art, den ich aber auf der Stelle zu entwickeln unfähig, für diesmal nur dunkel mit mir nahm, indem ich das Gebäude eilig bestieg, um nicht den schönen Augenblick einer hohen und heitern Sonne zu versäumen, welche mir das weite, reiche Land auf einmal offenbaren sollte.

Und so sah ich denn von der Plattform die schöne Gegend vor mir, in welcher ich eine Zeitlang wohnen und hausen durfte: die ansehnliche Stadt, die weitumherliegenden, mit herrlichen dichten Bäumen besetzten und durchflochtenen Auen, diesen auffallenden Reichtum der Vegetation, der, dem Laufe des Rheins folgend, die Ufer, Inseln und Werder bezeichnet. Nicht weniger mit mannigfaltigem Grün geschmückt ist der von Süden herab sich ziehende flache Grund, welchen die Iller (vielmehr: Ill) bewässert; selbst westwärts, nach dem Gebirge zu, finden sich manche Niederungen, die einen ebenso reizenden Anblick von Wald und Wiesenwuchs gewähren, so wie der nördliche mehr hügelige Teil von unendlichen kleinen Bächen durchschnitten ist, die überall ein schnelles Wachstum begünstigen.

Denkt man sich nun zwischen diesen üppig ausgestreckten Matten, zwischen diesen fröhlich ausgesäeten Hainen alles zum Fruchtbau schickliche Land trefflich bearbeitet, grünend und reifend, und die besten und reichsten Stellen desselben durch Dörfer und Meierhöfe bezeichnet und eine solche große und unübersehliche, wie ein neues Paradies für den Menschen recht vorbereitete Fläche näher und ferner von teils angebauten, teils waldbewachsenen Bergen begrenzt, so wird man das Entzücken begreifen, mit dem ich mein Schicksal segnete, das mir für einige Zeit einen so schönen Wohnplatz bestimmt hatte.

Ein solcher frischer Anblick in ein neues Land, in welchem wir uns eine Zeitlang aufhalten sollen, hat noch das Eigne, so Angenehme als Ahndungsvolle, daß das Ganze wie eine unbeschriebene Tafel vor uns liegt. Noch sind keine Leiden und Freuden, die sich auf uns beziehen, darauf verzeichnet: diese heitere, bunte, belebte Fläche ist noch stumm für uns, das Auge haftet nur an den Gegenständen, insofern sie an und für sich bedeutend sind, und noch haben weder Neigung noch Leidenschaft diese oder jene Stelle besonders herauszuheben; aber eine Ahnung dessen, was kommen wird, beunruhigt schon das junge

Herz, und ein unbefriedigtes Bedürfnis fordert im stillen dasjenige, was kommen soll und mag, und welches auf alle Fälle, es sei nun Wohl oder Weh, unmerklich den Charakter der Gegend, in der wir uns befinden, annehmen wird.

Herabgestiegen von der Höhe, verweilte ich noch eine Zeitlang vor dem Angesicht des ehrwürdigen Gebäudes; aber was ich mir weder das erste Mal noch in der nächsten Zeit ganz deutlich machen konnte, war, daß ich dieses Wunderwerk als ein Ungeheures gewahrte, das mich hätte erschrecken müssen, wenn es mir nicht zugleich als ein Geregeltes faßlich und als ein Ausgearbeitetes sogar angenehm vorgekommen wäre. Ich beschäftigte mich jedoch keineswegs, diesem Widerspruch nachzudenken, sondern ließ ein so erstaunliches Denkmal durch seine Gegenwart ruhig auf mich fortwirken. [...]

Ich weiß zwar recht gut, daß gegen das brave und hoffnungsreiche altdeutsche Wort »Was einer in der Jugend wünscht, hat er im Alter genug!« manche umgekehrte Erfahrung anzuführen, manches daran zu deuteln sein möchte; aber auch viel Günstiges spricht dafür, und ich erkläre, was ich dabei denke.

Unsere Wünsche sind Vorgefühle der Fähigkeiten, die in uns liegen, Vorboten desjenigen, was wir zu leisten im stande sein werden. Was wir können und möchten, stellt sich unsere Einbildungskraft außer uns und in der Zukunft dar; wir fühlen eine Sehnsucht nach dem, was wir schon im stillen besitzen. So verwandelt ein leidenschaftliches Vorausergreifen das wahrhaft Mögliche in ein erträumtes Wirkliche. Liegt nun eine solche Richtung entschieden in unserer Natur, so wird mit jedem

Schritt unserer Entwicklung ein Teil des ersten Wunsches erfüllt, bei günstigen Umständen auf dem geraden Wege, bei ungünstigen auf dem Umwege, von dem wir immer wieder nach jenem einlenken. So sieht man Menschen durch Beharrlichkeit zu irdischen Gütern gelangen, sie umgeben sich mit Reichtum, Glanz und äußerer Ehre. Andere streben noch sicherer nach geistigen Vorteilen, erwerben sich eine klare Übersicht der Dinge, eine Beruhigung des Gemüts und eine Sicherheit für die Gegenwart und Zukunft.

Nun gibt es aber eine dritte Richtung, die aus beiden gemischt ist und deren Erfolg am sichersten gelingen muß. Wenn nämlich die Jugend des Menschen in eine prägnante Zeit trifft, wo das Hervorbringen das Zerstören überwiegt und in ihm das Vorgefühl bei Zeiten erwacht, was eine solche Epoche fordre und verspreche, so wird er, durch äußere Anlässe zu tätiger Teilnahme gedrängt, bald da- bald dorthin greifen, und der Wunsch, nach vielen Zeiten wirksam zu sein, wird in ihm lebendig werden.

Nun gesellen sich aber zur menschlichen Beschränktheit noch so viele zufällige Hindernisse, daß hier ein Begonnenes liegen bleibt, dort ein Ergriffenes aus der Hand fällt und ein Wunsch nach dem andern sich verzettelt. Waren aber diese Wünsche aus einem reinen Herzen entsprungen, dem Bedürfnis der Zeit gemäß, so darf man ruhig rechts und links liegen und fallen lassen und kann versichert sein, daß nicht allein dieses wieder aufgefunden und aufgehoben werden muß, sondern daß auch noch gar manches Verwandte, das man nie berührt, ja woran man nie gedacht hat, zum Vorschein kommen werde. Sehen wir nun während unseres Lebensganges dasjenige von andern geleistet, wozu wir selbst früher einen Beruf fühlten, ihn aber, mit manchem andern, aufgeben mußten, dann tritt das schöne Gefühl ein, daß die Menschheit zusammen erst der wahre Mensch ist und daß der Einzelne nur froh und glücklich sein kann, wenn er den Mut hat, sich im Ganzen zu fühlen.

Johann Gottfried Herder

Der Mensch ist frei

Der Mensch ist der erste Freigelassene der Schöpfung; er stehet aufrecht. Die Wage des Guten und Bösen, des Falschen und Wahren hängt in ihm: er kann forschen, er soll wählen. Wie die Natur ihm zwei freie Hände zu Werkzeugen gab und ein überblickendes Auge, seinen Gang zu leiten: so hat er auch in sich die Macht, nicht nur die Gewichte zu stellen, sondern auch, wenn ich so sagen darf, selbst Gewicht zu sein auf der Wage.

Rüdiger Safranski

Die Lust des Anfangens

Wer kennt sie nicht, diese Lust des Anfangens. Eine neue Liebe. Eine neue Arbeit. Ein neues Jahr. Eine neue Zeit. In der Geschichte wird das neu Anfangende Revolution genannt. Wenn Revolutionen auch immer wieder ihren Kredit verspielt haben, so bleibt doch der Mythos eines lichterlohen Augenblicks, wo alles so aussieht, als finge alles neu an. Die Erstürmung der Bastille 1789, der Sturm aufs Winterpalais 1917, die Öffnung der Mauer 1989. Zeitenbrüche. Solche Augenblicke haben das Pathos der Nullpunktsituation, ein neues Spiel: Wir fangen alle neu an. Was kann sich daraus nicht alles ergeben!

Es gibt Anfänge, die sind zu groß. Eine Liebesgeschichte kann einen Anfang haben, dem eine Fortsetzung nimmer gewachsen ist. Dann dauert die Geschichte so lange, wie die Kraft des Anfangs sie trägt, und folglich wird das Ende des Anfangs der Anfang vom Ende sein.

Alltäglicher sind andere Anfänge. Man fängt mit der Lektüre eines neuen Buches an. Man braucht noch nicht zurückzublättern, weil man irgendwelche Zusammenhänge vergessen hat. Alles liegt noch vor einem. Satz für Satz entrollt sich eine neue Welt.

In jedem wahrhaften Anfang steckt die Chance zur Verwandlung. Man will sich vom Halse schaffen, was einen nach rückwärts bindet – an seine Geschichte, seine Tradition, an die tausend Dinge, in die man verstrickt ist. Aber wie gelingt diese souveräne Geste, etwas hinter sich zu lassen, ohne daran gefesselt zu bleiben? Das ist ziemlich schwierig, umso verlockender sind die Träume und Phantasien eines neuen Anfangs. [...]

Wie kommt man zu einem neuen Anfang?

Eine Möglichkeit ist: das Vergessen. Vergessen ist die Kunst, dort Anfänge zu finden, wo eigentlich keine sind. Goethes Faust zum Beispiel. Er hat es wild getrieben, Leid und Freude erlebt, auch einiges Unheil angerichtet – vor allem das. Es ist nicht abzusehen, wie die Dinge weitergehen könnten. Goethe hat auch nicht weitergewusst, er ist der bisherigen Geschichte überdrüssig geworden, und so hat er seinen Faust eingeschläfert. Der Schlaf des Vergessens, der den Faust-Interpreten den Schlaf raubt. Dem Faust-Interpreten Schwerte/Schneider allerdings wohl eher nicht, denn ihm musste der Heilschlaf des Vergessens einleuchten.

Anstoß erregt solches Vergessen hingegen bei den Psychotherapeuten. Sie sind schnell dabei, das heilsame Vergessen als ein Verdrängen zu deuten, und schicken ihre Klienten gerne zurück in die vermeintlichen frühkindlichen Urszenen, aus denen man dann nur schwer wieder herausfindet. Zwar wird behauptet, dass die Durcharbeitung des Vergangenen von der Macht des Vergangenen befreit. Aber häufiger macht man doch die

Erfahrung, dass die von Aufmerksamkeit belagerte Vergangenheit gerade nicht vergehen will. Bekanntlich wollte Freud den Menschen ihre Ich-Souveränität zurückgeben. Sie sollten sich nicht mehr von einer unverstandenen und unbewältigten Vergangenheit beherrschen lassen. Wiederholungszwänge, die aus alten Traumata herrühren, sollten gebrochen werden. Das Ziel war Offenheit für die Gegenwart und für die Zukunft. Man sollte wieder in die Lage versetzt werden, etwas mit sich anzufangen. Doch wenn man sich in die Mythen über das Gewesene verstrickt, wird es immer unwahrscheinlicher, dass ein neuer Anfang gelingt. Man sollte das Verhältnis von Vergangenheit und Gegenwart als Machtfrage verstehen. Lasse ich mich von der Vergangenheit beherrschen oder beherrsche ich sie – das ist die Frage. *Erst durch die Kraft,* so Nietzsche, *das Vergangene zum Leben zu gebrauchen und aus dem Geschehenen wieder Geschichte zu machen, wird der Mensch zum Menschen: aber in einem Übermaße von Historie hört der Mensch wieder auf, und ohne jene Hülle des Unhistorischen würde er nie angefangen haben und anzufangen wagen.*

Das Vergessen gehört zum gnädigen Wirken unserer Natur, die eigentlich nur so viel in Erinnerung behalten will, wie zum Handeln nötig ist. Doch das Erinnern geht in der Regel weit über diese Grenzen hinaus. Wir erinnern eben nicht nur, was wir jetzt für unsere praktischen Zwecke brauchen. Immer wieder, schreibt Henri Bergson 1907 in seiner »Schöpferischen Entwicklung«, *gelingt es ein paar überschüssigen Erinnerungen, sich als Luxusgüter durch die angelehnte Tür zu schmuggeln. Sie, die Boten des Unbewussten, tun uns kund, was wir hinter uns herschleifen, ohne es zu wissen.* Was wir da hinter uns herschleifen, dieser große Sack meist undeutlicher Erinnerungen, kann so schwer werden, dass er die zukunftsoffene Beweglichkeit behindert. Handlungshemmung ist die Folge. Jorge Luis Borges hat sich in einer Erzählung einmal einen Menschen ausgedacht, der nichts vergessen kann. Es ist das reine Grauen. Dieser Mensch kann sich vor lauter gegenwärtig gehaltener Vergangenheit nicht mehr bewegen. Er ist bis zum Überlaufen voll, es darf bei ihm keine Zukunft, auch keine Gegenwart mehr dazukommen. An diesem Gedankenexperiment ist zu bemerken, dass Handeln auch bedeutet, die Zeit gleichsam abfließen zu lassen mit der Zuversicht, dass sie sich dort hinten, im Gedächtnis, nicht staut. Der Handelnde baut auf seine gesunde Vergesslichkeit und ist in der Regel auch der Erste, der sich etwas verzeiht. Anders geht es vielleicht gar nicht.

Wer anfängt, handelt. Das Handeln hat immer auch etwas Gewaltsames, es reißt sich vom Beharren los, lässt sich nicht nur treiben und ziehen, es ergreift Initiative und verengt so den Zeithorizont auf das fürs Handeln Relevante. Umsicht ist erwünscht, doch eine gewisse Rücksichtslosigkeit ist unvermeidlich. Wollte man alle Voraussetzungen seines Handelns erfassen und alle Folgen abschätzen, so würde man niemals damit fertig – und könnte auch nicht anfangen mit dem Handeln. Hat man sich dazu durchgerungen, so zieht jedes Handeln einen neuen Faden in das unabsehbare Gewebe der Welt ein – mit ebenfalls unabsehbaren Folgen, aber mit einem eindeutigen Anfang.

Robert Gernhardt

Alles wird anders

Viel zu lang mit fremden Leben
mitgegangen mitgefangen
Viel zu viel in fremden Leiden
mitgefangen mitgehangen
Viel zu stark an fremden Wünschen
mitgelitten mitgetragen
Viel zu oft von fremden Lüsten
mitgetragen mitgeschlagen

Viel zu sehr bei fremden Taten
mitgefiebert mitgezogen
Viel zu gern bei fremden Siegen
mitgezogen mitgelogen.

Hannah Arendt

Verzeihen und versprechen

Das Heilmittel gegen Unwiderruflichkeit – dagegen, daß man Getanes nicht rückgängig machen kann, obwohl man nicht wußte, und nicht wissen konnte, was man tat – liegt in der menschlichen Fähigkeit, zu verzeihen. Und das Heilmittel gegen Unabsehbarkeit – und damit gegen die chaotische Ungewißheit alles Zukünftigen – liegt in dem Vermögen, Versprechen zu geben und zu halten. Diese beiden Fähigkeiten gehören zusammen, insofern die eine sich auf die Vergangenheit bezieht und ein Geschehenes rückgängig macht, dessen »Sünde« sonst, dem Schwert des Damokles gleich, über jeder neuen Generation hängen und sie schließlich unter sich begraben müßte; während die andere ein Bevorstehendes wie einen Wegweiser in die Zukunft aufrichtet, in der ohne die bindenden Versprechen, welche wie Inseln der Sicherheit von den Menschen in das drohende Meer des Ungewissen geworfen werden, noch nicht einmal irgendeine Kontinuität menschlicher Beziehungen möglich wäre, von Beständigkeit und Treue ganz zu schweigen.

Könnten wir einander nicht vergeben, d. h. uns

gegenseitig von den Folgen unserer Taten wieder entbinden, so beschränkte sich unsere Fähigkeit zu handeln gewissermaßen auf eine einzige Tat, deren Folgen uns bis an unser Lebensende im wahrsten Sinne des Wortes verfolgen würden, im Guten wie im Bösen; gerade im Handeln wären wir das Opfer unserer selbst, als seien wir der Zauberlehrling, der das erlösende Wort: Besen, Besen, sei's gewesen, nicht findet. Ohne uns durch Versprechen für eine ungewisse Zukunft zu binden und auf sie einzurichten, wären wir niemals imstande, die eigene Identität durchzuhalten; wir wären hilflos der Dunkelheit des menschlichen Herzens, seinen Zweideutigkeiten und Widersprüchen, ausgeliefert, verirrt in einem Labyrinth einsamer Stimmungen, aus dem wir nur erlöst werden können durch den Ruf der Mitwelt, die dadurch, daß sie uns auf die Versprechen festlegt, die wir gegeben haben und nun halten sollen, in unserer Identität bestätigt, bzw. diese Identität überhaupt erst konstituiert. Beide Fähigkeiten können sich somit überhaupt nur unter der Bedingung der Pluralität betätigen, der Anwesenheit von Anderen, die mit-sind und mithandeln. Denn niemand kann sich selbst verzeihen, und niemand kann sich durch ein Versprechen gebunden fühlen, das er nur sich selbst gegeben hat. Versprechen, die ich mir selbst gebe, und ein Verzeihen, das ich mir selbst gewähre, sind unverbindlich wie Gebärden vor dem Spiegel. [...]

Überläßt man die Angelegenheiten der Menschen sich selbst und greift nicht in sie ein, so können sie nur dem Gesetz folgen, das das Leben der Sterblichen beherrscht und sie von der Stunde der Geburt unabwendbar dem Tode zueilen läßt. Es ist genau an dieser Stelle, daß das Vermögen zu handeln einsetzt; es unterbricht den automatischen Ablauf des Alltäglichen, das seinerseits bereits, wie wir sahen, in gewissem Sinne den Kreislauf des biologischen Lebens unterbrach und arbeitend in ihn eingriff. Ohne diese Fähigkeiten des Neubeginnens, des Anhaltens und des Eingreifens wäre ein Leben, das, wie das menschliche Leben, von Geburt an dem Tode »zueilt«, dazu verurteilt, alles spezifisch Menschliche immer wieder in seinen Untergang zu reißen und zu verderben. Gegen diese, natürlich immer bestehende, Gefahr steht die aus dem Handeln sich ergebende Verantwortlichkeit für die Welt, die anzeigt, daß Menschen zwar sterben müssen, aber deshalb noch nicht geboren werden, um zu sterben, sondern im Gegenteil, um etwas Neues anzufangen, solange der Lebensprozeß das eigentlich personal-menschliche Substrat, das mit ihnen in die Welt kam, nicht zerrieben hat.

Hermann Hesse

Stufen

Wie jede Blüte welkt und jede Jugend
Dem Alter weicht, blüht jede Lebensstufe,
Blüht jede Weisheit auch und jede Tugend
Zu ihrer Zeit und darf nicht ewig dauern.
Es muß das Herz bei jedem Lebensrufe
Bereit zum Abschied sein und Neubeginne,
Um sich in Tapferkeit und ohne Trauern
In andre, neue Bindungen zu geben.
Und jedem Anfang wohnt ein Zauber inne,
Der uns beschützt und der uns hilft, zu leben.

Wir sollen heiter Raum um Raum durchschreiten,
An keinem wie an einer Heimat hängen,
Der Weltgeist will nicht fesseln uns und engen,
Er will uns Stuf' um Stufe heben, weiten.
Kaum sind wir heimisch einem Lebenskreise
Und traulich eingewohnt, so droht Erschlaffen;
Nur wer bereit zu Aufbruch ist und Reise,
Mag lähmender Gewöhnung sich entraffen.

Es wird vielleicht auch noch die Todesstunde
Uns neuen Räumen jung entgegen senden,
Des Lebens Ruf an uns wird niemals enden …
Wohlan denn, Herz, nimm Abschied und gesunde!

Oskar Negt

Wo liegt der archimedische Punkt?

Wo stehe ich? Wo komme ich her? Welches sind meine Wurzeln? Was sind meine Ziele? Wo will ich hin? Wie sieht die Welt von morgen aus? Das alles sind Fragen, die den uralten Wunschtraum von einem archimedischen Punkt ausdrücken – einem festen Ort verlässlicher Bodenhaftung, von dem aus auch ich *meine* Lebenswelt einschätzen, ordnen und in Bewegung bringen kann.

Von dem berühmten griechischen Mechaniker und Mathematiker Archimedes (285 bis 212 v. Chr.) sind nicht nur mathematisch-geometrische Berechnungen und naturwissenschaftliche Sätze überliefert; an seine Person knüpfen sich auch legendäre Aussprüche, wie der, man möge ihm einen festen Punkt *außerhalb* der Erde geben, auf dem er stehen könne, dann werde er die Erde mit seinem Hebel bewegen. Dieses *pu sto* (ποῦ ςτῶ, wörtlich »wo ich stehe«, als Tatsachenfeststellung, aber auch als Frage: »wo stehe ich?«) hat das europäische Denken maßgeblich bestimmt und als Verlangen nach Antwort taucht dieser Gedanke immer wieder auf. Descartes' *cogito, ergo sum* – Denken als Existenzbeweis – enthält denselben Impuls wie Kants Konstruktion des Transzendentalen, *des Erfahrungsunabhängigen, das doch Erfahrung begründen soll.* Es sind ordnende Orts- und Zeitbestimmungen, aus denen sich das Sicherheitsdenken speist.

Welcher Standpunkt verbürgt einen begründeten Anfang und einen überzeugenden Abschluss? Wie ist der Boden beschaffen, auf dem sich Wegweiser befestigen lassen, die mir eine gesicherte Rückkehr erlauben und mich vor Verirrungen bewahren?

Solange die Menschen in übersichtlichen Verhältnissen leben, Wege und Orte erfahrbare Sicherheit verbürgen, können alle diese Fragen sehr schnell beantwortet werden. Sobald sie sich aufs Meer begeben oder in die Dunkelheit geraten oder das Weltgeschehen an sich heranlassen, versagen auch die ausgeklügeltsten und genauesten Topographien. Es ist daher kaum ein Zufall, dass der Begriff *Orientierung* zunächst vor allem in der Navigationstechnik, der Schifffahrt praktische Anwendung fand, bevor er dann im 18. Jahrhundert aus dem Französischen *orienter* in verallgemeinernder Bedeutung Eingang in die europäischen Sprachen gefunden hat. »Sich orientieren« heißt seitdem so viel wie »sich zurechtfinden«, sich im Labyrinth der Verhältnisse nicht zu verirren.

Aber bereits im lateinischen Ursprungssinn des Wortes ist ein doppelter Bedeutungshorizont angesprochen: *Fixpunkt* und *Hebel* in einem. Das Lateinische *orior* bedeutet »sich erheben, aufsteigen«, aber auch »sichtbar werden, aufgehen, sich zeigen«. Darin ist freilich auch die eindringliche Suche nach dem Ursprung, der Abstammung, dem Anfang mit gesetzt. […]

Wo wir also von Orientierung sprechen, ist das bloße Wissen nie ausreichend; auch hat das Differenzierungsgebot, das im Übrigen für diskursives Denken insgesamt Geltung hat, in diesem Zusammenhang seine deutlichen Grenzen. Man hat mit Recht *Verfügungswissen vom Orientierungswissen unterschieden;* Jürgen Mittelstraß hat diese Unterscheidung getroffen; er sagt: »Verfügungswissen ist ein Wissen um Ursachen, Wirkungen und Mittel; es ist das Wissen, das Wissenschaft und Technik unter gegebenen Zwecken zur Verfügung stellen. *Orientierungswissen* ist ein Wissen um gerechtfertigte Zwecke und Ziele.« *Orientierungswissen hat jedoch immer auch mit einer Strukturveränderung des Wissens zu tun,* selbst dann, wenn Verfügungswissen auf Zwecke und Ziele gerichtet ist; man kann das vielleicht am besten mit dem benennen, was Niklas Luhmann einmal als *Komplexitätsreduktion* bezeichnet hat. Im Grunde geht es bei diesem Vorgang nicht nur um Vereinfachung sachlich ausdifferenzierter Inhalte, sondern um die Konzentration auf einen *politisch* so zugespitzten Sachverhalt, dass er aus seiner Einseitigkeit, und gerade aus seiner Einseitigkeit, Brennstoff für öffentlichen Zwist liefert. Wenn das ein produktiver öffentlicher Streit sein soll, dann setzt er ein begründetes Koordinatensystem voraus, in dem es eindeutige Zeit- und Raumachsen gibt.

Aber Orientierung in diesem weit gefassten Sinn besteht nicht nur aus objektiven Raum-Zeit-Koordinaten, aus »Fixsternen« und archimedischen Punkten. Schon Kant bringt das Subjekt mit ins Spiel; *er verknüpft systematisch Orientierung mit Aufklärung und stellt deshalb eine Wahrheitsverbindung zwischen beiden her,* die in

Erziehung und Selbstbildung begründet ist – und geübt werden muss. In Kants berühmter Schrift über Aufklärung aus dem Jahre 1784, also aus vorrevolutionärer Zeit, wird *Aufklärung als eine Art Wegbeschreibung* verstanden; die Vernunft wagt den *Ausgang* in die Öffentlichkeit, indem sie selbstverschuldete Faulheit und Feigheit überwindet und die entmündigende Abhängigkeit von »Vormündern« und einschüchternden Autoritäten überwindet. Nicht am Aufklärungsvermögen scheitert das Mündigwerden, sondern am *mangelnden Entschluss* zum Risiko, die im Privaten, vielleicht an einem Stammtisch oder in der Familie, angesammelten und erprobten Vernunftgründe dem öffentlichen Urteil auszusetzen. »Aufklärung ist der *Ausgang* des Menschen aus seiner selbstverschuldeten Unmündigkeit. Unmündigkeit ist das Unvermögen, sich seines Verstandes ohne Anleitung eines anderen zu bedienen. Selbstverschuldet ist diese Unmündigkeit, wenn die Ursache derselben nicht am Mangel des Verstandes, sondern der *Entschließung* und des *Mutes* liegt, sich seiner ohne Anleitung eines andern zu bedienen. Sapere aude! Habe Mut, dich deines eigenen Verstandes zu bedienen! ist also der Wahlspruch der Aufklärung.« *Man kann dieses »Sapere aude« auch als kürzeste Formel des Humanismus nehmen.*

Gerald Hüther

Raus aus dem Hamsterrad

Irgendwie sind wir auf unserer Suche nach einem glücklichen und sinnerfüllten Leben vom Weg abgekommen. Wahrscheinlich schon seit geraumer Zeit, aber bisher ging es ja immer noch irgendwie weiter. Jedenfalls hier bei uns, in unserer westlichen Welt. Aber jetzt stecken wir fest. Das merken inzwischen sogar diejenigen, die auf diesem Weg bisher mit größter Überzeugung vorangegangen sind. Es ist offenkundig. Wir haben uns im Gestrüpp der von uns selbst geschaffenen Lebens- und Vorstellungswelten verrannt. Wie immer, wenn es schwierig wird, versuchen sich manche nun wieder rückwärts durchzuschlagen. Andere glauben noch daran, dass der erhoffte Durchbruch nach vorn mit einer vereinten Kraftanstrengung doch noch zu schaffen ist. Der Rest ist ratlos und blickt ängstlich in das Gestrüpp der täglich von den Medien verbreiteten Horrormeldungen über den gegenwärtigen Zustand der Welt. Hirntechnisch ist dieser Zustand von Angst und Hilflosigkeit nicht lange auszuhalten. Deshalb findet auch jeder Mensch über kurz oder lang eine Lösung, die ihm hilft, wieder einigermaßen Ordnung in die im Gehirn ablaufenden Erregungen zu bringen. Der Fachausdruck dafür lautet Dissoziation, der Volksmund nennt es hirnrissig, und das bedeutet nichts anderes, als dass man sich mit aller Kraft darum bemüht, einfach so weiterzumachen wie bisher, so zu tun, als wäre noch immer alles in Ordnung, als gäbe es all diese Probleme unseres gegenwärtigen Sozial-, Bildungs-, Renten-, Finanz- oder Wirtschaftssystems nicht, als wäre all das, was uns in den Medien und von allen möglichen Experten vor Augen geführt wird, in Wirklichkeit gar nicht vorhanden oder gar nicht so wichtig.

Wer diese Fähigkeit des Abspaltens und Verdrängens lange genug erfolgreich eingesetzt hat, kann tatsächlich einfach so weitermachen wie bisher. Manche schaffen es sogar, all das, was sie bisher ohnehin schon immer gemacht haben, nun sogar noch besser, noch effektiver, noch rücksichtsloser und noch gedankenloser umzusetzen. Augen zu und durch! Es geht ja nicht anders, heißt ihre Devise. Dann kann man sich als Mutter um die besten Frühförderungsprogramme und die kompetentesten Nachhilfelehrer für den eigenen Nachwuchs kümmern, man kann als Führungskraft Kurse über effektiveres Zeitmanagement besuchen und seine Ferien auf der letzten noch intakten Südseeinsel verbringen. Schüler und Studenten können ihre kognitive Leistungsfähigkeit mit Hirndoping-Pillen steigern. Und als Hirnforscher kann man dann nach neuen Psychopharmaka zur Verbesserung der Stressbewältigung, der Affektregulation, der Aufmerksamkeitsfokussierung oder der Merkfähigkeit suchen. Daran leiden ja nun auch immer mehr Menschen, weil sie das, was sie brauchen, nicht finden und sie das, was sie belastet, nicht verändern können. Das Bild des Hamsterrades beschreibt am anschaulichsten den Zustand, der das Lebensgefühl einer wachsenden Zahl von Menschen in unserer gegenwärtigen Leistungsgesellschaft prägt. Interessanterweise gilt das inzwischen nicht nur für all jene, die in diesem Rad gefangen sind, sondern ebenso für diejenigen, die es drehen.

Dieses Hamsterrad kann eine im eigenen Hirn verankerte Vorstellung davon sein, worauf es im Leben ankommt, wofür es sich anzustrengen lohnt, was sich im Leben verändern lässt und was man, wie alle anderen, einfach auszuhalten hat. Wer so unterwegs ist, fragt sich nicht mehr, wer ihn eigentlich auf diesen Weg geschickt, von wem er diese Vorstellungen übernommen hat. Er will ja inzwischen selbst so gut wie möglich funktionieren. Deshalb hält er auch all das, was er durch sein optimales Funktionieren, d. h. durch seine dabei vollbrachten Leistungen erreicht, für das, wofür es sich zu leben lohnt, worauf es also im Leben ankommt. In dieser Vorstellung bleibt der betreffende Mensch gefangen, bis es für ihn nichts mehr zu erreichen gibt. Dann hat das Leben für ihn seinen Sinn verloren. Dann dauert es nicht mehr lange, bis er stirbt.

Ergänzt und in seiner Wirkung verstärkt wird dieses Hamsterrad im eigenen Kopf durch die Vielzahl von Organisations- und Verwaltungsstrukturen, die jede arbeitsteilige Gesellschaft entwickelt, um die anstehenden Aufgaben zuzuweisen und die für die Erfüllung dieser Aufgaben in Aussicht gestellten Belohnungen zu verteilen. Ähnlich wie die im Hirn des Einzelnen verankerten Vorstellungen entwickeln aber auch diese von

Gemeinschaften entwickelten Organisations- und Verwaltungsstrukturen eine sich selbst stabilisierende Eigendynamik. Dann wird die Organisation und die Verwaltung immer effizienter, und zwangsläufig wird auf diese Weise all das gestärkt, was dem noch besseren Organisieren und Verwalten all dessen dient, was da jeweils organisiert und verwaltet wird. Nur scheinbar handelt es sich dabei um Arbeit, Geld, Gesundheit, Bildung oder Renten. In Wirklichkeit sind es immer lebendige Menschen, die als Arbeitnehmer, Lohnempfänger, Einwohner, Patienten, Schüler oder Rentner zu Gegenständen dieses so entstandenen Organisations- und Verwaltungsapparates gemacht werden. Je häufiger aber Menschen die Erfahrung machen, dass sie organisiert und verwaltet werden, desto seltener finden sie Gelegenheit, sich selbst als Entdecker ihrer eigenen Möglichkeiten und als Gestalter ihres eigenen Lebens zu erleben. Und je früher und intensiver das geschieht, desto weniger gelingt es ihnen, diese Fähigkeiten aus sich selbst heraus überhaupt noch zu entwickeln. Dann bleiben sie zeitlebens Gefangene in diesem sozialen Hamsterrad der von uns selbst geschaffenen Organisations- und Verwaltungsstrukturen.

So könnte es ewig bleiben und nichts würde sich ändern, wenn Menschen tatsächlich so funktionieren würden wie Maschinen oder wenn man sie tatsächlich so behandeln könnte wie Objekte. Aber Menschen sind eben doch lebendige Wesen. Und die lassen sich nicht funktionalisieren, höchstens für eine begrenzte Zeit und auch nur in einem begrenzten Raum, aber niemals alle überall zugleich. Deshalb wird es immer einzelne Menschen oder Gruppen von Menschen geben, die sich ihre angeborene Freude am eigenen Entdecken und Gestalten ihrer jeweiligen Lebenswelt nicht rauben lassen. Nicht überall, aber irgendwo schon.

Und wenn es die Erwachsenen nicht schaffen, dann schaffen es ihre Kinder. Zur Not dadurch, dass sie einfach nicht so funktionieren, wie die Erwachsenen sich das wünschen und wie es erforderlich wäre, damit die Welt dieser Erwachsenen so bleiben kann, wie sie ist. Wenn unsere Kinder nicht mehr bereit oder imstande sind, all das zu übernehmen und weiterzuführen, was wir in unserem Kulturkreis an Kulturleistungen geschaffen haben – und dazu zählen eben auch unsere bisherigen Vorstellungen davon, worauf es im Leben ankommt, und die von uns zur Umsetzung dieser Vorstellungen geschaffenen Organisations- und Verwaltungssysteme –, dann geht es nicht mehr so weiter wie bisher.

Dann verliert das, was bisher bedeutsam war, seine Bedeutung. Dann wird für diese nachwachsende Generation etwas anderes bedeutsam. Etwas, was für uns bisher unbedeutsam war. Dann beginnen unsere Kinder sich für anderes zu begeistern und sich über anderes zu freuen als wir, und dann bekommen sie auch ein anderes Gehirn. Und mit dem sind sie weder bereit noch in der Lage, in selbstgebauten Hamsterrädern weiterhin so gut herumzurennen wie wir.

Das ist es, was die Biologen meinen, wenn sie das Leben als einen sich selbst organisierenden und sich selbst optimierenden Prozess beschreiben. Solange es Leben gibt, erzeugt jede Lebensform durch ihre eigenen Aktivitäten einen sich zwangsläufig verändernden Lebensraum, an den sich nachfolgende Generationen anpassen. Und indem sie das tun, verändern sie wiederum die Lebensbedingungen für ihre Nachkommen in einer bestimmten Weise. Dieser transgenerationale Selbstorganisationsprozess kann durch Einflüsse von außen modifiziert und in eine bestimmte Richtung gelenkt werden. Aber er bleibt immer ein sogenannter autopoietischer Prozess, ein Prozess, in dem jede Lebensform sich selbst fortwährend weiter gestaltet, oder poetischer ausgedrückt: sich selbst immer wieder neu erfindet.

Franz Kafka

Eine heikle Aufgabe

Eine heikle Aufgabe, ein Auf-den-Fußspitzen-gehn über einen brüchigen Balken der als Brücke dient, nichts unter den Füßen haben, mit den Füßen erst den Boden zusammenscharren auf dem man gehn wird, auf nichts gehn als auf seinem Spiegelbild das man unter sich im Wasser sieht, mit den Füßen die Welt zusammenhalten, die Hände nur oben in der Luft verkrampfen um diese Mühe bestehn zu können.

Joachim Ringelnatz

Einem ängstlich Einsteigenden

Flieg zu, Insasse!
Und lasse,
Lasse dich
Nur äußerlich
Von andern lenken.

Du mußt denken:
Deine Linie geht
Nach deinem Willen
Und im stillen
Wie ein arglos Gebet.

Selbstverständlich interessiere dich
Sehr für Wetter, Höhenmesser,
Richtung, Zeit etcetera. Jedoch:
Weite Gedanken tragen dich
Noch höher und noch besser
Als es deine Maschine tut,

Fliege gut!

3

ES KOMMT DARAUF AN, DAS HOFFEN ZU LERNEN

Darum: besonders ausgedehnt
ist in diesem Buch der Versuch gemacht,
an die Hoffnung, als einer Weltstelle,
die bewohnt ist wie das beste Kulturland
und unerforscht wie die Antarktis,
Philosophie zu bringen.

Erwartung, Hoffnung, Intention
auf noch ungewordene Möglichkeit:
das ist nicht nur ein Grundzug
des menschlichen Bewusstseins,
sondern, konkret berichtigt und erfaßt,
eine Grundbestimmung innerhalb
der objektiven Wirklichkeit insgesamt.

Ernst Bloch

Baruch de Spinoza

Von der Hoffnung

1. Von der Hoffnung und der Furcht, von der Zuversicht, der Verzweiflung und dem Wankelmut, vom Mut, von der Kühnheit und der Nacheiferung, von der Kleinmütigkeit und der Bangigkeit werden wir jetzt zu reden beginnen, und zwar werden wir nach unsrer Gewohnheit eines nach dem andren erörtern und dann zeigen, welche derselben uns hinderlich, welche uns förderlich sein können. All das werden wir sehr leicht tun können, wenn wir nur richtig auf die Begriffe achthaben, die wir von etwas haben können, das zukünftig ist, mag es gut oder schlecht sein.
2. Die Begriffe, die wir hinsichtlich der Dinge selbst haben, sind so, daß die Dinge von uns entweder als zufällig betrachtet werden, d. h. daß sie entweder geschehen oder nicht geschehen können, oder als notwendig sich ereignend. Dies hinsichtlich der Dinge selbst. Hinsichtlich dessen, der das Ding begreift, gilt dies: daß er etwas tun muß, entweder um das Sichereignen des Dings zu befördern oder um es zu verhindern.

3. Aus diesen Begriffen ergeben sich alle diese Affekte in folgender Weise: wenn wir von einem zukünftigen Ding begreifen, daß es gut ist und daß es geschehen kann, so erhält die Seele dadurch eine Form, die wir Hoffnung nennen, die nichts andres ist als eine bestimmte Art von Freude, jedoch mit einiger Trauer vermischt.

   Und wiederum wenn wir das möglicherweise sich ereignende Ding als schlecht beurteilen, ergibt sich daraus eine Form unsrer Seele, die wir Furcht nennen.

   Wenn aber das Ding von uns als gut begriffen wird und dabei als notwendig geschehend, so entsteht daraus in der Seele die Ruhe, die wir Zuversicht nennen, die eine bestimmte Art von Freude ist, die nicht wie bei der Hoffnung mit Trauer vermischt ist.

   Wenn wir aber das Ding als schlecht begreifen und als notwendig geschehend, so entsteht hieraus in der Seele Verzweiflung, die nichts anderes ist als eine bestimmte Art von Trauer.
4. Nachdem wir bisher in diesem Kapitel von den Leidenschaften gesprochen und dabei ihre Definition positiv gegeben haben, also gesagt haben, was jede von ihnen ist, können wir jetzt auch umgekehrt dieselben negativ definieren, nämlich folgendermaßen: wir hoffen, daß das Schlechte sich nicht ereignen wird, wir fürchten, daß das Gute sich nicht ereignen wird, wir sind zuversichtlich, daß das Schlechte nicht geschehen wird und wir verzweifeln darüber, daß das Gute nicht geschehen wird.
5. Nachdem wir dies nun von den Leidenschaften gesagt haben, sofern sie aus den Begriffen hinsichtlich

der Dinge selbst sich ergeben, haben wir jetzt von denen zu reden, die aus den Begriffen hinsichtlich dessen, der das Ding begreift, entstehen, nämlich: Wenn man etwas tun muß, um das Ding hervorzubringen und wir daraufhin keinen Entschluß fassen, so erlangt die Seele eine Form, die wir Wankelmut nennen. Wenn sie aber das Hervorbringen des Dings energisch beschließt und das Ding hervorgebracht werden kann, dann wird dies Mut genannt, und wenn das Ding schwer zu vollbringen ist, heißt es Kühnheit oder Tapferkeit.

Wenn jedoch jemand etwas auszuführen beschließt, weil es einem andren (der es vor ihm getan hat) wohl geglückt ist, so nennt man es Nacheiferung. Wenn jemand weiß, welchen Beschluß er fassen muß, um etwas Gutes zu befördern und etwas Schlechtes zu verhindern, und er tut es doch nicht, dann nennt man es Kleinmütigkeit, und wenn sie sehr groß ist, nennt man es Bangigkeit. Die Eifersucht endlich ist eine Sorge, die man hat, etwas, was man erlangt hat, allein genießen und behalten zu können.

Heinrich Middendorf

Warum so verschlossen?

Daß das seelische Subjekt verschlossen ist, scheint oft keine Gründe zu haben. Ohne willentliches Zutun des Subjektes selbst scheint oft die Verschlossenheit sich grundlos automatisch einzustellen. Wenigstens sind oft keine Gründe aufzufinden. In vielen Fällen aber können wir doch Gründe feststellen, die zu der Verschlossenheit geführt haben und führen, wenn sich das Subjekt derselben auch nicht immer ausdrücklich bewußt ist. Die Hauptgründe, die bei der Verschlossenheit in Betracht kommen, wollen wir kurz hervorheben.

Die Verschlossenheit des Subjektes gegenüber der Bedeutsamkeit des Gegenstandes hat häufig ihren Grund darin, daß das seelische Vermögen oder Organ, bestimmte Qualitäten am Gegenstande zu erfassen, fehlt oder nur mangelhaft ausgebildet ist.

Die Verschlossenheit gegenüber den Einwirkungen des Gegenstandes kann mannigfache Gründe haben. Wir haben z. B. erfaßt, welches hohe objektive Gut eine fremde Person und ihre Liebe zu uns darstellen würde. Aber schon gleich mit dem Erfassen dieser Bedeutsamkeit für uns halten wir die Erwiderung der Liebe von vorneherein für ausgeschlossen und unmöglich. Kaum spüren wir eine Hoffensregung auf Erwiderung der Liebe in uns aufsteigen, so verschließen wir uns gegen dieselbe und gegen alle weiteren Einwirkungen des Hoffnungsgegenstandes. Der Grund unserer Verschlossenheit liegt also in dem Umstande, daß wir an die Möglichkeit der Hoffnungserfüllung nicht zu glauben vermögen. Oder aber wir spüren zwar die Versuche des Gegenstandes, in uns ein Hoffen wachzurufen, aber wir haben kein Vertrauen zu der Erfüllungsinstanz, daß sie die Erfüllung bewirken wird. Wir halten es für ausgeschlossen, daß durch das Verhalten der Instanz eine Erfüllung unserer Hoffnung zustande kommt, und bleiben aus diesem Grunde den Einwirkungsversuchen des Gegenstandes gegenüber verschlossen.

Daß das Subjekt generell gegen Einwirkungen jedes Hoffnungsgegenstandes verschlossen ist und bleibt, kann ferner seinen Grund darin haben, daß das Subjekt noch unter der Nachwirkung einer früheren Hoffnungsenttäuschung steht. Je häufiger das Subjekt in seinen früheren Hoffnungen »enttäuscht« worden ist, umso mehr verschließt es sich oft gegen Einwirkungen von Gegenständen, die abermals ein Hoffen in ihm wachrufen wollen.

Die Verschlossenheit des Subjektes kann auch in mehr oder weniger allgemeinen Einstellungen des Subjektes zur Welt und zum Leben überhaupt begründet sein: vorübergehender oder allgemeiner Pessimismus, Lebensüberdruß, genährt durch immer wieder eintretende Enttäuschung der Wünsche, Hoffnungen und Sehnsüchte, lassen das Leben oft sinnlos erscheinen, so daß auch ein Hoffen keinen Quellgrund und Nährboden mehr im Subjekt findet und das Subjekt sich immer mehr zuschließt und verhärtet gegen alles, das doch ein Hoffen in ihm hervorlocken möchte.

Hybris, falscher Stolz, Selbstüberhebung, ein Nur-auf-sich-selbst-verlassen-Wollen und übermäßiges Bauen auf eigene Kraft und Tüchtigkeit führen von selbst, je nach dem, in welchem Maße sie im Subjekt vorhanden sind, eine mehr oder weniger große Verschlossenheit des Subjektes herbei und lassen ein Hoffen deswegen nicht aufkommen, weil sie besonders der allgemeinen Personhaltung beim Hoffen widerstreiten.

Wir sahen, daß das Hoffen auf Güter für eine Fremdperson und Gemeinschaft in einer Liebesregung zu der anderen Person oder Gemeinschaft fundiert ist. Eine mehr oder weniger große Verschlossenheit für Liebesregungen zu fremden Personen oder Gemeinschaften führt darum auch zwangsläufig eine Verschlossenheit nach sich, die sich auf die erhoffbaren Güter für die Fremdperson oder Gemeinschaft erstreckt. Sind Haß- und Feindseligkeitsregungen zu bestimmten Personen und Gemeinschaften im Subjekt vorhanden, so ist das Subjekt erst recht verschlossen für ein Hoffen auf Güter für diese Personen und Gemeinschaften und ist es meistens zugleich geöffnet für Gegenstände, die objektive Übel für sie bedeuten.

Eine bloß vorübergehende Verschlossenheit des Subjektes für das Entstehen von Hoffnungsregungen kann seinen Grund auch einfach darin haben, daß das ganze Subjekt augenblicklich besonders stark durch andere Gegenstände in Anspruch genommen ist, insbesondere wenn diesen Gegenständen die Denk- und Willensregungen des Subjektes gelten und es sich in der Ausübung wichtiger und dringlicher Tätigkeiten befindet.

Schließlich sei noch darauf aufmerksam gemacht, daß eine ganz besondere Haltung des Subjektes gegenüber den objektiven Gütern für die Person die Verschlossenheit für das Entstehen von Hoffensregungen zur Folge hat. Das Subjekt kann jegliches Interesse, und besonders das Hoffen auf objektive Güter für sich selbst, für verwerflich, sittlich negativ und darum auch für unerlaubt, die »Abstumpfung« gegen sie dagegen für sittlich wertvoll und gefordert halten, wie es zum Beispiel die Stoa tat. Lebt das Subjekt wirklich nach dieser Anschauung, so stellt sich allgemein auch eine Verschlossenheit gegenüber allen Hoffnungsgegenständen ein und zu einer wirklichen Hoffnungsregung ist das Subjekt bald überhaupt nicht mehr fähig. – Ebenso führt die Haltung des »Blasierten«, dessen mehr oder weniger großes Desinteresse an objektiven, besonders erlebniszugewandten Gütern meist nicht auf sittlichen Motiven beruht, allmählich zu einer völligen Abstumpfung objektiven Gütern gegenüber und damit auch zu einer Verschlossenheit für Hoffensregungen.

Alexandre Dumas

Zurück zum Leben

Dantès machte alle Phasen des Unglücks durch, die ein im Gefängnis vergessener Gefangener zu durchleiden hat.

Zuerst war er stolz, und sein Stolz war genährt von der Hoffnung und dem Bewußtsein seiner Unschuld; allmählich aber begann er selbst an dieser Unschuld zu zweifeln. Er begann zu bitten, zunächst noch die Menschen; Gott ist immer die letzte Zuflucht. Man beschränkt sich erst darauf, seine Hoffnung im Herrn zu beschließen, wenn alle anderen Hoffnungen erschöpft sind.

So wollte Dantès zunächst eine andere Zelle haben, und wäre es auch nur eine noch dunklere, noch tiefer gelegene. Ein Wechsel, sogar einer zum Nachteil, würde ihm immerhin eine gewisse Abwechslung bereiten. Er bat, daß man ihm den Spaziergang, frische Luft, Bücher, Arbeit bewillige. Nichts wurde ihm gewährt, aber er verharrte unverdrossen dabei, seinen neuen Kerkermeister, der womöglich noch stummer als der alte war, mit Bitten zu bestürmen.

Als endlich alle menschliche Hilfe versagte, wandte er sich an Gott. Er erinnerte sich der Gebete, die er von seiner Mutter gelernt, und er fand in ihnen einen bisher unbekannten Sinn; für den Glücklichen bleibt das Gebet oft eine leere, monotone Formel, bis eines Tages der Schmerz den Gepeinigten diese erhabene Sprache verstehen lehrt, die uns mit Gott verbindet. Aber trotz dieser Gebete blieb Dantès Gefangener.

Jetzt wurde er düster, eine Wolke umhüllte seinen Geist. Dantès war ein schlichter Mensch ohne Bildung. Er konnte nicht in der Einsamkeit seiner Kerkerhaft vergangene Zeiten heraufbeschwören, ausgestorbene Völker zu neuem Leben erwecken, verfallene Städte neu erbauen, die in unserer Phantasie noch größer und poetischer erscheinen; er hatte nur eine kurze Vergangenheit, eine schaurige Gegenwart, eine zweifelhafte Zukunft; neunzehn kurze Jahre im Licht, um dann in ewiger Nacht ihrer zu gedenken. Er klammerte sich an die Gedanken, an sein Glück, das ohne erkennbaren Grund von einem unerhörten Schicksal zerstört worden war. Dann folgte der Schicksalsergebenheit die Wut. Er fluchte und lästerte, daß der Kerkermeister erschauerte; er warf sich gegen die Wände seiner Zelle, geriet in Raserei über alles, was in seine Nähe kam, selbst über das geringste Mißbehagen, das ihn ein Staubkörnchen, ein Strohhalm oder ein Luftzug empfinden ließ. Jener Brief, den Villefort ihm gezeigt hatte, kam ihm wieder in den Sinn und er schwor seinen unbekannten Feinden die grausamsten Strafen zu, die seine glühende Phantasie ersinnen konnte, fand selbst die schrecklichsten zu sanft und vor allem zu kurz; denn jede dieser Strafen endete mit dem Tod, und der Tod war, wenn nicht die Ruhe, so doch die Unempfindlichkeit, die ihr gleicht.

Im Ausmaß, in dem er begriff, daß der Tod Ruhe bringen würde, wurde ihm auch der Gedanke an den Selbstmord vertraut.

Es gab zwei Arten zu sterben: die eine, einfachere, bestand darin, daß er ein Tuch am Fensterkreuz befestigte und sich daran erhängte; die andere darin, daß er nur mehr tat, als ob er äße, in Wirklichkeit aber Hungers starb. Die erstere stieß Dantès ab. Er war erzogen im Abscheu vor den Piraten, die man an den Rahen ihrer Schiffe aufknüpft; der Tod durch den Strang war zugleich eine Schande, die er sich nicht selbst auferlegen wollte; darum wählte er die zweite Art und machte sich sofort ans Werk.

Fast vier Jahre waren vergangen, während Dantès alle diese Phasen, die wir beschrieben haben, durchlief. Am Ende des zweiten Jahres hatte Dantès aufgehört die Tage zu zählen und war wieder in jene Zeitlosigkeit zurückversunken, aus der ihn einst der Inspektor gerissen hatte.

Zweimal täglich warf er die Lebensmittel, die man ihm brachte, durch das kleine vergitterte Fenster, das ihm den Ausblick auf einen Streifen Himmel gewährte – zuerst heiter, dann mit Bedacht, schließlich nicht ohne Reue; jetzt mußte er sich sogar des Eides erinnern, den er sich selbst geleistet, um an seinem furchtbaren Plane festzuhalten. Diese Kost, die ihm sonst oft widerwärtig erschienen war, erschien ihm jetzt, da der Hunger mit scharfen Zähnen zubiß, köstlich und wohlriechend; oft hielt er eine Stunde lang den Napf in Händen, starrte auf ein Stück fauligen Fleisches oder stinkenden Fisches, auf einen Bissen schwarzes, schimmliges Brot.

Dann brachte er, ein freiwilliger Tantalus, die Speisen an die Lippen, stieß sie aber wieder zurück; der Gedanke an seinen Eid kam ihm in den Sinn, sein Charakter ließ ihn zurückschauern vor dem Gedanken, daß er sich selbst verachten werde als einen, der sein gegebenes Wort nicht hält. Unerbittlich und hart benützte er die geringe Kraft, die ihm noch übrigblieb, bis der Tag kam, an dem er nicht mehr aufstehen und eigenhändig das Essen, das man ihm brachte, zum Fenster hinauswerfen konnte.

Am nächsten Tage sah er nicht mehr, hörte kaum mehr; der Schließer glaubte, der Gefangene sei ernstlich krank. Edmond setzte alle Hoffnung in seinen nahen Tod.

So verstrich der Tag. Edmond fühlte, wie eine Betäubung, ja sogar ein gewisses Wohlbefinden sich seiner bemächtigte. Die nervösen Krämpfe in seinem Magen waren überwunden, der glühende Durst schien gelöscht. Wenn er die Augen schloß, sah er leuchtende Pünktchen vor sich, gleich jenen Irrlichtern, die des Nachts über den Sümpfen schwirren; es war die Morgendämmerung jenes unbekannten Landes, das man den Tod nennt. Plötzlich, abends gegen neun Uhr, hörte er ein dumpfes Geräusch an der Wand, an der seine Pritsche stand.

So viele häßliche Tiere beunruhigten seine Zelle mit dem Geräusch ihres Treibens, daß Edmond sich längst daran gewöhnt hatte, nicht weiter darauf zu achten; diesmal aber – sei es, daß das Fasten seine Sinne überreizt hatte, sei es, daß das Geräusch wirklich anders war als sonst oder daß in diesem letzten Augenblick alles bedeutsam erschien – hob Edmond den Kopf, um besser zu hören.

Es war ein regelmäßiges Kratzen, das von einer starken Kralle, einem mächtigen Zahn oder einem Werkzeug herzurühren schien.

Obwohl der junge Mann bereits geschwächt war, zuckte in seinem Hirn doch dieser Gedanke auf, mit dem der Geist der Gefangenen immer spielt: die Freiheit. Dieses Geräusch kam eben in dem Augenblick zu ihm, da jedes andere für ihn ersterben sollte. Zeigte Gott sich endlich seinen Leiden gnädig und sandte ihm dieses Geräusch, um ihn am Rande des Grabes, in das er bereits taumelte, zurückzurufen?

Nicht doch, ohne Zweifel täuschte sich Edmond, war er das Opfer eines jener wirren Träume, welche die Pforte des Todes umflattern.

Doch hörte er das Geräusch noch immer. Es dauerte fast drei Stunden, dann vernahm Edmond etwas wie ein Rollen, und jetzt war alles still.

Einige Stunden später begann es von neuem, diesmal näher. Schon nahm Edmond Anteil an dieser Arbeit, die ihm die Zeit verkürzte; da trat plötzlich der Schließer ein.

Seit acht Tagen, seit er sich entschlossen hatte zu sterben, hatte Edmond nicht mehr mit diesem Manne gesprochen, hatte nicht einmal geantwortet, wenn der Schließer fragte, ob er sich krank fühle, sich sogar zur Wand gewandt, wenn er ihm allzu aufmerksam ins Gesicht sah. Heute aber konnte der Schließer dieses dumpfe Geräusch hören, unruhig werden, vielleicht sogar irgendeiner Hoffnung ein jähes Ende bereiten, die Dantès letzte Augenblicke versüßen mochte.

Dantès richtete sich mit glühenden Augen auf, begann über alles mögliche zu sprechen, über die elende Nahrung, die ihm da gebracht wurde, über die Kälte in der Zelle; um mit gehobener Stimme sprechen zu können, brachte er Beschwerden vor, stellte die Geduld des

Schließers auf die Probe, der ihm gerade an diesem Tage als besondere Vergünstigung eine heiße Brühe und frisches Brot brachte.

Glücklicherweise glaubte er, Dantès spreche im Fieber; er stellte daher die Lebensmittel auf den wackeligen Tisch und zog sich zurück.

Von dem Beobachter befreit, begann Edmond wieder mit unaussprechlicher Freude zu lauschen. Jetzt war das Geräusch so laut, daß der junge Mann es ohne Anstrengung hören konnte.

Kein Zweifel, sagte er sich, dieses Geräusch hört nicht auf, einer meiner unseligen Mitgefangenen arbeitet an seiner Befreiung. Ach, wenn ich an seiner Seite wäre, wie wollte ich ihm helfen!

Plötzlich breitete sich eine Wolke über dieses erste Licht einer Hoffnung; zu sehr hatte das Unglück diesen Verstand daran gewöhnt, aller Freude zu mißtrauen. Das Geräusch konnte davon herrühren, daß der Gouverneur Arbeiter eine Nachbarzelle restaurieren ließ.

Edmonds Kopf war so geschwächt, daß er seinen Gedanken nicht zu Ende denken konnte. Als aber sein Blick auf die dampfende Brühe fiel, die der Schließer auf den Tisch gestellt hatte, erhob er sich, wankte zu dem Tisch, nahm die Tasse, führte sie an die Lippen und leerte sie mit unbeschreiblichem Wohlbehagen.

Jetzt hatte er den Mut, in seiner Zelle auszuhalten. Er hatte gehört, daß die Schiffbrüchigen, die vom Hunger erschöpft sind, zuweilen sterben, wenn sie allzu gierig feste Nahrung zu sich nehmen. Darum legte er das Brot, das er bereits an den Mund geführt hatte, wieder auf den Tisch und legte sich auf sein Bett. Er wollte nicht mehr sterben.

Rosa Luxemburg

Ein bisschen Glück ist überall

Ach, welche schöne Erinnerung habe ich vom Alexanderplatz! Wissen Sie, Hänschen, was Alexanderplatz ist? Der anderthalbmonatige Aufenthalt dort hat auf meinem Kopf graue Haare und in meinen Nerven Risse zurückgelassen, die ich nie verwinden werde. Und doch habe ich von dort eine kleine Erinnerung, die wie eine Blume in meinem Gedächtnis aufblickt. Dort begann die Nacht – es war Spätherbst, Oktober, und gar keine Beleuchtung in der Zelle – schon um 5,6 Uhr. Es blieb mir in der 11 cbm großen Zelle nichts übrig, als mich auf der Pritsche hinzustrecken, eingeklemmt zwischen unbeschreiblichen Möbelstücken, und in der Höllenmusik der fortwährend vorbeidonnernden Stadtbahnzüge, von denen die Zelle erbebte und auf den klirrenden Fensterscheiben rote Lichtreflexe aufblitzten, meinen Mörike halblaut zu deklamieren. Von 10 Uhr an pflegte sich das diabolische Konzert der Stadtbahn etwas zu besänftigen, und bald darauf wurde von der Straße her die folgende kleine Episode hörbar. Erst eine dumpfe männliche Stimme, die etwas Rufendes und Ermahnendes hatte, dann als Antwort der Gesang eines etwa achtjährigen Mädchens, das offenbar im Springen und Hüpfen ein Kinderliedchen vortrug und zugleich ein silbernes, glockenreines Lachen erschallen ließ. Das mochte irgendein müder, mürrischer Portier sein, der sein Töchterchen zum Schlafengehen nach Hause rief. Der kleine Schelm aber wollte nicht folgen, ließ sich von dem bärtigen Brummbass von Vater haschen, gaukelte in der Straße herum wie ein Schmetterling und neckte den verstellt Strengen mit einem lustigen Kinderreim. Man sah förmlich die kurzen Röckchen flattern und die dünnen Beinchen in Tanzstellung fliegen. In diesem hüpfenden Rhythmus des Kinderlieds, in dem perlenden Lachen lag so viel sorglose, siegreiche Lebenslust, dass der ganze finstere schimmlige Bau des Polizeipräsidiums wie von einem silbernen Nebelmantel eingehüllt wurde und in meiner übelriechenden Zelle es so plötzlich in der Luft wie von fallenden dunkelroten Rosen duftete … So liest man sich überall von der Straße ein bisschen Glück auf und wird immer wieder daran gemahnt, dass das Leben schön und reich ist.

Karl Jaspers

Ohne Hoffnung leben ist wie nicht leben

Ohne Hoffnung leben ist wie nicht leben. Die Hoffnung beschwingt, ist das Glück des Daseins noch in der großen Not. Hoffnungslosigkeit ist wie der Tod des noch Lebendigen. Über das Eingangstor der Hölle als der Welt der äußersten Qualen in der Leibhaftigkeit endloser Zeitdauer setzt Dante die Worte: Laßt alle Hoffnung fahren, ihr, die ihr eintretet.

Durch die Jahrtausende geht daher das Preisen der Hoffnung. »Im Elend bleibt nur die Hoffnung als Heilungsmittel« lesen wir bei Shakespeare und auch: »Hoffnung ist schnell und fliegt auf Schwalbenschwingen«. »Wer immer hofft, stirbt singend« heißt ein Sprichwort. »Noch am Grabe pflanzt er die Hoffnung auf« sagt Schiller. Ein indischer Spruch des Barthripari lautet: »Runzeln bedecken die Wang und silberne Haare den Scheitel. Alt sind die Glieder und schwach, aber die Hoffnung ist jung.«

Hoffnung und Furcht gehören gleicherweise zum Dasein, weil im Dasein, was kommen wird, ungewiß ist. Fällt der Zweifel weg, so bedeutet Sicherheit entweder für die Hoffnung den Übermut, oder für die Furcht die

Verzweiflung. In beiden Fällen ist die Offenheit für das Mögliche erloschen, das eigentlich menschliche Leben, sei es im Übermut, sei es in Verzweiflung, gelähmt. So lange der Zweifel ist, ist keine Hoffnung ohne Furcht und keine Furcht ohne Hoffnung. Wo der Zweifel aufhört, da ist die ausgelassene Freude durch keine Sorge gemäßigt und die verzweifelte Traurigkeit ist durch keine Hoffnung gelichtet.

Immer bleibt der Hoffnung ein, wenn auch noch so enger Spielraum. Ein Beispiel: Mitte der zwanziger Jahre wurde bei einer Kranken die Diagnose der tödlichen perniciösen Anämie im vorgerückten Stadium gestellt. Der Gatte der Kranken, ein Arzt, schien hoffnungslos, aber war es doch nicht ganz: der Spielraum des unbestimmbar Möglichen wurde nicht preisgegeben. Es kam die Lebertherapie aus Amerika. Die Kranke lebt heute noch. Dieser Fall bezeugt die Möglichkeit in jeder Situation. Der berühmte Arzt und Psychiater Reil aus dem Anfang des 19. Jahrhunderts sagte von seiner Behandlung der Kranken: die Unheilbaren verloren ihr Leben, aber die Hoffnung nie.

Weil die Beruhigung in der Hoffnung nicht mehr wahr bleibt, wenn sie zur Sicherheit wird, ist die Kraft der Hoffnung die Kraft im Aushalten des in der Zeit uns verhängten Schwebezustandes. Wir müssen, was die Zukunft betrifft, auf Sicherheit des Wissens verzichten.

Wenn Hoffnung nur die blinde Kraft des an sich selber nicht zweifelnden Lebens ist, dann ist sie ein psychologisches Phänomen, das man etwa als die vitale Gesundheit, als Konstitution oder als medikamentöse Euphorie zu begreifen sucht. Erst wenn auf diesem psychophysischen

Boden Hoffnung die existentielle Verfassung ist, die die Grenzen erfährt und weiß, aber den Ernst im Lebenwollen vollzieht, ist sie wahrhaft. Diese Hoffnung vermag in der Schwebe sich zu bewahren, bleibt tätig, beruhigt sich nicht im Nichtstun und Wünschen.

Sind wir ganz und gar gebannt in die Zeit? Oder überschreiten wir Hoffnung und Furcht? Können wir den Anker werfen im Grunde des Seins und frei werden von Hoffnung und Frucht? Nur in der paradoxen Verfassung, daß wir in der Zeit dies Leben führen von dorther, wo keine Zeit, daher auch nicht Furcht und nicht Hoffnung ist.

Wir können, je kräftiger wir leben, um so weniger der Hoffnung und Furcht entrinnen. Aber über beide vermag sich eine Ruhe zu breiten, wenn es vergönnt ist, daß jener Anker hält. Dann ist die Ewigkeit gegenwärtig als ungegenständliche Gewißheit, von der her wir, im Sturm von Hoffnung und Furcht, noch sprechen können: mag kommen, was da will. [...]

Für den Einzelnen ist beschwingendes Lebenselement die Hoffnung für sich mit seinen Nächsten und für sie auf das Herrliche, Unbestimmte, das noch kommen wird, auf Glück und Erfolg, auf Hilfe in der Not, auf Rettung aus dem drohenden Tod, auf Leben.

Erst durch den Sprung aus dieser Welt der Einzelnen zur Daseinsgemeinschaft des Ganzen wird die Hoffnung geboren auf ein Reich der Gerechtigkeit und der Freiheit und des Friedens. Dies Reich soll ein Zusammenleben aller auf der Erde im nicht abzusehenden Offenbarwerden der Wahrheit des Seins verwirklichen.

Diese Hoffnung, daß Freiheit möglich ist, ist gegründet auf Wahrhaftigkeit. Sie kennt so wenig wie irgendeine andere Hoffnung die Sicherheit. Sie sieht sich ermutigt durch Menschen, die auf dem gleichen Wege gehen. Sie ist ihrer gewiß allein von der Transzendenz her. Die unaufhörlichen schrecklichen Verkehrungen der Freiheit heben die Möglichkeit der Freiheit selber nicht auf.

Aber wie billig werden Hoffnungen, ohne aus ihnen tätig zu leben! Sie trüben die Klarheit. Sie sind verantwortungslos auf trügerische Wünsche gegründet. Sie erzeugen eine falsche Stimmung durch Augenschließen. Dieses Hoffen ohne Kraft auf Grund von Fiktionen, dieses dumme, dieses beruhigende Hoffen, das gerade versäumen läßt, was möglich und notwendig wäre, ist wie eine Hypnose der Welt, in der die Hypnotiseure, die Erpresser, die Gewalttätigen schließlich alles zu ihrer Beute machen.

Erst wenn die Freiheitshoffnung auf weite Sicht zur Kraft wird, um die Entschlüsse der Gegenwart zu führen und dadurch ihnen Sinn zu geben, hat sie Wahrheit.

Hochgemut ist das Wagnis zu leben auf die Möglichkeit der Freiheit hin.

In diesem Wagnis des Menschseins als solchem können drei Hoffnungen uns geschenkt werden:

Erstens: Die Hoffnung auf die Vernunft, indem wir sie selbst verwirklichen.

Zweitens: Die Hoffnung in der Umkehr, die wir selbst vollziehen in ständiger Wiederholung, wenn wir aus unserem Versagen uns wiedergewinnen.

Drittens: Die Hoffnung auf die Erfahrung des Sinns

noch im Scheitern, die Transzendenz in Chiffren vor Augen.

Diese drei Hoffnungen bleiben in der Welt. Sie sind aber eine einzige dadurch, daß sie sich gründen in der Unerschütterlichkeit von dort her, wo nicht Raum und Zeit und Welt, wo ewige Gegenwart, nicht Vergangenheit und Zukunft ist – in diesem, das nicht anderswo, sondern in der Zeit selber gegenwärtig ist, sie überschreitend, indem es sie erfüllt.

Heribert Prantl

Größer als die Angst

Wie geht so ein Hoffen? Muss man sich selber einen Vor-Schuss an Optimismus spritzen, bevor man anfängt, etwas zu tun – muss man sich selbst die Gewissheit injizieren, dass es etwas bringen wird? So ist es nicht. Hoffnung fängt schlicht mit dem eigenen Tun an. Václav Havel, als Dissident immer wieder inhaftiert und später erster Staatspräsident der Tschechischen Republik, hat es so formuliert: »Je ungünstiger die Situation ist, in der wir unsere Hoffnung bewähren, desto tiefer ist diese Hoffnung. Hoffnung ist eben nicht Optimismus. Es ist nicht die Überzeugung, dass etwas gut ausgeht. Sondern Hoffnung ist die Gewissheit, dass etwas Sinn hat, ohne Rücksicht darauf, wie es ausgeht.« Hoffnung beginnt damit, dass man sich ans Werk macht, einfach weil es wahr ist, einfach weil es ein Muss ist, dem man nicht widerstehen kann, auch wenn man auf verlorenem Posten steht. Der Hoffende gleicht dem Professor MacHugh aus James Joyce' Ulysses. »Wir sind immer der verlorenen Sache treu gewesen, sagte der Professor. Erfolg bedeutet für uns den Tod von Intellekt und Phantasie.«

Solche phantastische Hoffnung kann die Kraft geben, über den eigenen Schatten zu springen. Glaube kann Berge versetzen. Aber wenn es nicht gut ausgeht? Wenn es kein Happy End gibt? War dann die Hoffnung umsonst? Das Leben ist kein Hollywoodfilm. Es gibt das Scheitern der besten Sache; und es gibt den unaufhaltsamen Fortgang einer Krankheit aller Hoffnung zum Trotz. Dennoch: Soll ein Höllenbewohner von Guantanamo aufhören zu hoffen, irgendwann frei zu kommen? Soll ein Bewohner der elenden Flüchtlingslager aufhören zu hoffen, irgendwann ein Zuhause zu finden? Sollte der Schwerkranke aufhören zu hoffen, Heilung zu erlangen? War die Hoffnung dann dummes Zeug, wenn er nicht frei kommt, wenn er kein Zuhause findet, seinen Lebtag keinen Frieden sieht, am Ende doch stirbt? Kaum eine Hoffnung ist je umsonst.

Ein Hoffen, das nicht die Augen verschließt vor der Wirklichkeit, wie sie ist, hat Wert und Würde jenseits des Erfolgs. Manche meinen, ein Scheitern strafe den Hoffenden Lügen. Wer so urteilt, betrachtet die Dinge vom Ende, vom vermeintlichen Erfolg oder Misserfolg. Man sollte die Dinge aber von der Mitte des Tuns aus betrachten. Inmitten der Arbeit, inmitten des Entschlusses, inmitten der Krankheit und des Leidens macht die Hoffnung den Menschen größer als die Angst.

Ernst Bloch

Pandora

Jeder Traum bleibt dadurch einer, daß ihm noch zu wenig gelungen, fertig geworden ist. Darum kann er das Fehlende nicht vergessen, hält er in allen Dingen die offene Tür. Die mindestens halboffene Tür, wenn sie auf erfreuliche Gegenstände zu gehen scheint, heißt Hoffnung. Wobei, wie gesehen, es keine Hoffnung ohne Angst und keine Angst ohne Hoffnung gibt, sie erhalten sich gegenseitig noch schwebend, so sehr die Hoffnung dem Tapferen, durch den Tapferen überwiegt. Indes auch sie, als möglicherweise trügerische mit Irrlicht, muß eine wissende sein, eine in sich selber vorausbedachte. Die allemal merkwürdige Pandorasage läßt die Hoffnung den Menschen durch ein Weib bringen, doch in dämonischer Weise. Pandora ist zart wie Pamina, blendend wie Helena, aber böse oder mit böser Absicht geschickt und so doch wie die übliche Schlange im Sündenfallmythos.

Sie kommt von Zeus, der durch sie den Raub des Feuers an Prometheus rächen will, ein Lockbild des Schönen schlechthin, aber mit einer verschlossenen Sammlung gefährlicher Geschenke, Prometheus schlägt sie aus, Epimetheus aber, der Nach-Bedenkende, läßt sich verführen, Pandora öffnet so die mitgebrachte Lade. Nun enthielt diese, nach Hesiods Darstellung der Sage, das ganze Heer von Übeln, das seither über die Menschen gekommen ist: Krankheit, Sorge, Hunger, Mißwachs, sie flogen heraus. Erst zuletzt verschloß der angeblich mitleidige Zeus den Deckel, ehe noch die Hoffnung ausfuhr.

Es ist das aber eine sehr widerspruchsvolle Sage oder Fassung der Sage; denn die Hoffnung, durch welche Zeus die von Prometheus geschaffenen Menschen doch auch trösten wollte, über ihre Schwäche, liegt hier mitten unter den eindeutigen Übeln. Sie unterscheidet sich in der Hesiodschen Fassung von den anderen Übeln nur dadurch, daß sie im Faß geblieben, also sich unter den Menschen gerade nicht verbreitet hat.

Das aber ergibt in der Hesiodschen Überlieferung keinen rechten Verstand, es sei denn eben, daß Hoffnung als Übel sich auf ihr Trügerisches bezieht, auch auf das Kraftlose, das sie für sich allein noch darstellt. So hatten die Alten Elpis abgebildet, zart, voller Schleier und entfliehend, so wollten die Stoiker die Bilder der Hoffnung hinter sich lassen, genau wie die der Angst und Furcht. So wirkt noch die unvergeßliche Spes, die Andrea Pisano auf dem Portal des Florenzer Baptisteriums abgebildet hat: sie sitzt wartend, obwohl sie geflügelt ist, und trotz der Flügel erhebt sie, wie Tantalus, die Arme nach einer unerreichbaren Frucht. Also mag die Hoffnung, so viel besitzloser als die Erinnerung, nach Seite der Ungewißheit ein Übel scheinen, und die täuschende, die unfundierte ist es gewiß. Aber freilich, auch die unfundierte Hoffnung kann unter die üblichen Übel der Welt nicht so einrangiert werden, als sei sie das gleiche wie Krankheit oder Sorge. Erst recht ist die fundierte, das heißt, mit dem real Möglichen vermittelte Hoffnung vom Übel, selbst vom Irrwisch so weit entfernt, daß sie eben die mindestens halboffene Tür darstellt, die auf erfreuliche Gegenstände zu gehen scheint, in einer nicht zum Gefängnis gewordenen, kein Gefängnis seienden Welt.

Die Alten haben sich je länger, je mehr der Hoffnung nicht zu entschlagen gesucht. Eine spätere, hellenistische Fassung (auch Goethes »Pandora« hat sie sich zu eigen gemacht) stellt daher Pandoras Mitgift nicht als Behälter des Unglücks, sondern konträr der Güter dar, letzthin als Mysterienlade. Die Lade der Pandora ist in dieser Fassung Pandora selbst, das heißt: die »Allbegabte«, voller Reize, Geschenke, Glücksgaben. Auch diese sind, nach der hellenistischen Fassung des Mythos, aus der Lade gefahren, doch anders als die Laster sind sie gerade gänzlich entflogen und haben sich nicht unter den Menschen ausgebreitet; als einziges Gut blieb sonach die Hoffnung, immerhin diese, in der Lade. Sie unterhält den Mut zu den fehlenden Gütern, die Standhaftigkeit und Nichtresignation vor den ausbleibenden, und wo sie verschwindet, geht der in der Welt anhängige Prozeß verloren. So ist auf die Dauer die zweite Fassung des Pandoramythos doch die einzig wahre; Hoffnung ist das den Menschen gebliebene, das keineswegs bereits gereifte, aber auch keineswegs vernichtete Gut.

Robert Musil

Der Möglichkeitssinn

Wenn man gut durch geöffnete Türen kommen will, muß man die Tatsache achten, daß sie einen festen Rahmen haben: dieser Grundsatz, nach dem der alte Professor immer gelebt hatte, ist einfach eine Forderung des Wirklichkeitssinns. Wenn es aber Wirklichkeitssinn gibt, und niemand wird bezweifeln, daß er seine Daseinsberechtigung hat, dann muß es auch etwas geben, das man Möglichkeitssinn nennen kann.

Wer ihn besitzt, sagt beispielsweise nicht: Hier ist dies oder das geschehen, wird geschehen, muß geschehen; sondern er erfindet: Hier könnte, sollte oder müßte geschehn; und wenn man ihm von irgend etwas erklärt, daß es so sei, wie es sei, dann denkt er: Nun, es könnte wahrscheinlich auch anders sein. So ließe sich der Möglichkeitssinn geradezu als die Fähigkeit definieren, alles, was ebensogut sein könnte, zu denken und das, was ist, nicht wichtiger zu nehmen als das, was nicht ist. Man sieht, daß die Folgen solcher schöpferischen Anlage bemerkenswert sein können, und bedauerlicherweise lassen sie nicht selten das, was die Menschen bewundern, falsch erscheinen und das, was sie verbieten, als erlaubt oder wohl auch beides als gleichgültig. Solche Möglichkeitsmenschen leben, wie man sagt, in einem feineren Gespinst, in einem Gespinst von Dunst, Einbildung, Träumerei und Konjunktiven; Kindern, die diesen Hang haben, treibt man ihn nachdrücklich aus und nennt solche Menschen vor ihnen Phantasten, Träumer, Schwächlinge und Besserwisser oder Krittler.

Wenn man sie loben will, nennt man diese Narren auch Idealisten, aber offenbar ist mit alledem nur ihre schwache Spielart erfaßt, welche die Wirklichkeit nicht begreifen kann oder ihr wehleidig ausweicht, wo also das Fehlen des Wirklichkeitssinns wirklich einen Mangel bedeutet. Das Mögliche umfaßt jedoch nicht nur die Träume nervenschwacher Personen, sondern auch die noch nicht erwachten Absichten Gottes. Ein mögliches Erlebnis oder eine mögliche Wahrheit sind nicht gleich wirklichem Erlebnis und wirklicher Wahrheit weniger dem Werte des Wirklichseins, sondern sie haben, wenigstens nach Ansicht ihrer Anhänger, etwas sehr Göttliches in sich, ein Feuer, einen Flug, einen Bauwillen und bewußten Utopismus, der die Wirklichkeit nicht scheut, wohl aber als Aufgabe und Erfindung behandelt. Schließlich ist die Erde gar nicht alt und war scheinbar noch nie so recht in gesegneten Umständen. Wenn man nun in bequemer Weise die Menschen des Wirklichkeits- und des Möglichkeitssinns voneinander unterscheiden will, so braucht man bloß an einen bestimmten Geldbetrag zu denken. Alles, was zum Beispiel tausend Mark an Möglichkeiten überhaupt enthalten, enthalten sie doch ohne Zweifel, ob man sie besitzt oder nicht; die Tatsache, daß Herr Ich oder Herr Du sie besitzen, fügt ihnen so wenig etwas hinzu wie einer Rose oder einer Frau. Aber ein Narr steckt sie in den Strumpf, sagen die Wirklichkeitsmenschen, und ein Tüchtiger schafft etwas mit ihnen; sogar der Schönheit einer Frau wird unleugbar von dem, der sie besitzt, etwas hinzugefügt oder genommen. Es ist die Wirklichkeit, welche die Möglichkeiten weckt, und nichts wäre so verkehrt, wie das zu leugnen. Trotzdem werden es in der Summe oder im Durchschnitt immer die gleichen Möglichkeiten bleiben, die sich wiederholen, so lange bis ein Mensch kommt, dem eine wirkliche Sache nicht mehr bedeutet als eine gedachte. Er ist es, der den neuen Möglichkeiten erst ihren Sinn und ihre Bestimmung gibt, und er erweckt sie.

Epikur

Nicht aufgeben

Man muss sich daran erinnern,
dass die Zukunft weder völlig in unserer Macht steht
noch ganz unserem Einfluss entzogen ist,
damit wir uns weder an dem Gedanken festbeißen,
dass es so kommen wird,
noch die Hoffnung aufgeben,
dass es nicht ganz so kommen wird.

Friedrich Schiller

Bekenntnis zur Liebe

Es gibt Augenblicke im Leben, wo wir aufgelegt sind, jede Blume und jedes entlegene Gestirne, jeden Wurm und jeden geahndeten höhern Geist an den Busen zu drücken – ein Umarmen der ganzen Natur gleich unsrer Geliebten. Du verstehst mich, mein Raphael, *der* Mensch, der es so weit gebracht hat, alle Schönheit, Größe, Vortrefflichkeit im Kleinen und Großen der Natur aufzulesen und zu dieser Mannigfaltigkeit die große Einheit zu finden, ist der Gottheit schon sehr viel näher gerückt. Die ganze Schöpfung zerfließt in seine Persönlichkeit. Wenn jeder Mensch alle Menschen liebte, so besäße jeder Einzelne die Welt.

Die Philosophie unsrer Zeiten – ich fürchte es – widerspricht dieser Lehre. Viele unsrer denkenden Köpfe haben es sich angelegen sein lassen, diesen himmlischen Trieb aus der menschlichen Seele hinweg zu spotten, das Gepräge der Gottheit zu verwischen und diese Energie, diesen edlen Enthusiasmus im kalten tötenden Hauch einer kleinmütigen Indifferenz aufzulösen. Im Knechtsgefühle ihrer eignen Entwürdigung haben sie sich mit dem gefährlichen Feinde des Wohlwollens, dem Eigennutz abgefunden, ein Phänomen zu erklären, das ihrem begrenzten Herzen zu göttlich war. Aus einem dürftigen Egoismus haben sie ihre trostlose Lehre gesponnen und ihre eigene Beschränkung zum Maßstab des Schöpfers gemacht – Entartete Sklaven, die unter dem Klang ihrer Ketten die Freiheit verschreien. [...]

Warum soll es die ganze Gattung entgelten, wenn einige Glieder an ihrem Werte verzagen?

Ich bekenne es freimütig, ich glaube an die Wirklichkeit einer uneigennützigen Liebe. Ich bin verloren, wenn sie nicht ist, ich gebe die Gottheit auf, die Unsterblichkeit und die Tugend. Ich habe keinen Beweis für diese Hoffnungen mehr übrig, wenn ich aufhöre, an die Liebe zu glauben. Ein Geist, der sich allein liebt, ist ein schwimmender Atom im unermeßlichen *leeren* Raume.

Bettine von Arnim

Am Morgen klingt's anders

So lauten die Stoßseufzer am Abend, am Morgen klingt's anders, da regt sich's schon vor Sonnenaufgang und treibt mich hinaus, wie einer längst ersehnten Botschaft entgegen. Den Nachen kann ich schon allein regieren, es ist mein liebstes Morgengebet, ihn listig und verstohlen von der Kette zu lösen und mich hinüber ans Ufer zu studieren. Allemal muß ich's wieder von neuem lernen, es ist ein Wagstück, mit Mutwill' begonnen, aber sehr andächtig beschlossen; denn ich danke Gott, wenn ich glücklich gelandet bin.

Ohne Wahl belaufe ich dann einen der vielen Strahlenwege, die sich hier nach allen Seiten auftun. Jedesmal lauscht die Erwartung im Herzen, jedesmal wird sie gelöst, bald durch die allumfassende Weite auf der Höh', durch die Sonne, die so plötzlich alles aus dem Schlaf weckt; ich klimme herab an Felswänden, reinliches Moos, zierliches Flechtwerk begleiten den Stein, kleine Höhlen zum Lager wie gegossen, in denen verschnauf' ich, dort zwischen dunklen Felsen leuchtet ein helleres Grün: kräftig, blühend, untadelig, mitten in der Wüste find' ich die Blume auf reinlichem Herd, einfache Haushaltung Gottes; inmitten von Blütenwänden die Opferstätte feierlich umstellt von schwanken priesterlichen Nymphen, die Libationen aus ihren Kelchkrüglein ergießen und Weihrauch streuen und wie die indischen Mädchen goldnen Staub in die Lüfte werfen. – Dann seh' ich's blitzen im Sand; ich muß hinab und wieder hinauf, ob's vielleicht ein Diamant ist, den der Zufall ans Licht gebracht hat. Wenn's einer wär', ich schenkte ihn Dir, und denk' mir Deine Verwunderung über das Kleinod unserer rheinischen Felsen.

Da lieg' ich am unbeschatteten Ort mit brennenden Wangen und sammle Mut, wieder hinüberzuklettern zur duftenden Linde. Am Kreuzweg, beim Opferstock des heiligen Petrus, der mit großem Himmelsschlüssel ins vergitterte Kapellchen eingesperrt ist, ruh' ich aus auf weichem Gras und such' vergebens, o Himmel, an deinem gewölbten Blau das Loch, in das der Schlüssel passen könnte, da ich heraus möchte aus dem Gefängnis der Unwissenheit und Unbewußtheit; wo ist die Tür, die dem Licht und der Freiheit sich öffnet?

Brüder Grimm

Der goldene Schlüssel

Zur Winterszeit, als einmal ein tiefer Schnee lag, mußte ein armer Junge hinausgehen und Holz auf einem Schlitten holen. Wie er es nun zusammengesucht und aufgeladen hatte, wollte er, weil er so erfroren war, noch nicht nach Haus gehen, sondern erst Feuer anmachen und sich ein bißchen wärmen. Da scharrte er den Schnee weg, und wie er so den Erdboden aufräumte, fand er einen kleinen goldenen Schlüssel. Nun glaubte er, wo der Schlüssel wäre, müßte auch das Schloß dazu sein, grub in der Erde und fand ein eisernes Kästchen. »Wenn der Schlüssel nur paßt!« dachte er, »es sind gewiß kostbare Sachen in dem Kästchen.« Er suchte, aber es war kein Schlüsselloch da, endlich entdeckte er eins, aber so klein daß man es kaum sehen konnte. Er probierte und der Schlüssel paßte glücklich. Da drehte er einmal herum, und nun müssen wir warten bis er vollends aufgeschlossen und den Deckel aufgemacht hat, dann werden wir erfahren was für wunderbare Sachen in dem Kästchen lagen.

4

MORGEN IST EIN NEUER TAG

Wir steigen in denselben Fluss
und doch nicht in denselben;
wir sind es, und wir sind es nicht.

Heraklit

Die Sonne ist neu an jedem Tage.

Heraklit

Keiner von uns allen könnte nicht auch ein anderer sein.
Ein Strauch tut sich vorerst genug damit, einer zu sein.
Doch aus einem Menschen kann sozusagen alles werden,
unfertig wie er ist.

Ernst Bloch

Johann Wolfgang Goethe

Hinaufgeschaut!

Hinaufgeschaut! – Der Berge Gipfelriesen
Verkünden schon die feierlichste Stunde;
Sie dürfen früh des ewigen Lichts genießen,
Das später sich zu uns hernieder wendet.
Jetzt zu der Alpe grüngesenkten Wiesen
Wird neuer Glanz und Deutlichkeit gespendet,
Und stufenweis herab ist es gelungen; –
Sie tritt hervor! – und, leider schon geblendet,
Kehr' ich mich weg, vom Augenschmerz durchdrungen.

So ist es also, wenn ein sehnend Hoffen
Dem höchsten Wunsch sich traulich zugerungen,
Erfüllungspforten findet flügeloffen;
[…]

Niccolò Machiavelli

Nur Mut!

Ich weiß wohl, daß es viele gegeben hat und gibt, die glauben, die Ereignisse seien derart von Fortuna und von Gott vorherbestimmt, daß die Menschen mit ihrer Klugheit sie nicht lenken könnten, ja überhaupt nichts dagegen vermöchten, und die deshalb zu der Ansicht neigen, man sollte sich nicht viel abmühen, sondern sich der Leitung des Zufalls überlassen. Diese Meinung hat gerade in unsern Tagen viel Anklang gefunden wegen der großen Umwälzungen, die wir erlebt haben und alle Tage erleben und die sich aller menschlichen Berechnung entziehen.

Im Gedanken hieran habe auch ich bisweilen bis zu einem gewissen Grade mich dieser Ansicht zugeneigt. Aber um unsere Willensfreiheit nicht ganz preiszugeben, halte ich nichtsdestoweniger dafür, daß Fortuna wohl zur Hälfte Herr ist über unsre Taten, aber die andre Hälfte, oder fast soviel, unsrer Leitung überläßt. Ich möchte Fortunas Macht vergleichen mit einem reißenden Strom, der, wenn er wütend überschwillt, die Fluren überflutet, Bäume und Häuser niederreißt, hier Erde fortspült, um sie dort anzuschwemmen: jeder flieht vor ihm, alles weicht seinem Anprall, ohne irgendwelchen Widerstand leisten zu können. Aber diese Wildheit des Stromes hindert nicht, daß die Menschen in ruhigen Zeiten Vorkehrungen treffen, Dämme und Deiche errichten, so daß die Fluten, wenn sie anschwellen, durch einen Kanal abgeleitet werden oder ihr Anprall nicht so überwältigend und gefährlich ist. Ebenso ist es mit Fortunas Macht: auch sie zeigt ihre Gewalt dort, wo keine Kräfte zur Gegenwehr gerüstet stehen, und die Wogen des Schicksals wälzen sich dorthin, wo sie sicher sind, keine Dämme und Deiche zu finden, die sie hemmen. [...] Soviel möge genügen über den Widerstand gegen Fortuna im allgemeinen.

Um mehr auf Einzelheiten einzugehen, so kann man einen Fürsten heute auf dem Gipfel des Glückes und morgen vernichtet sehen, ohne daß sich sein Wesen oder irgendeine Eigenschaft an ihm geändert hätte. Das kommt meines Erachtens einmal aus den im vorigen ausführlich erörterten Ursachen, daß nämlich der Fürst, der sich ganz auf das Glück verläßt, zugrunde geht, sobald dieses sich wendet. Ferner glaube ich, daß *der* Glück hat, welcher mit seiner Art zu handeln in die Zeit paßt, und ebenso *der* Unglück, dessen Handlungsweise nicht zur Zeit stimmt. Die Menschen verfahren verschieden, um das Ziel, das jeder vor Augen hat, Ruhm und Reichtum, zu erlangen: der eine handelt bedächtig, der andre ungestüm, der eine wendet Gewalt an, der andre List, der zeigt Geduld, jener das Gegenteil, und jeder kann auf seine Weise Erfolg haben. Ferner sieht man von zwei Bedächtigen den einen sein Ziel erreichen, den andern nicht, und ebenso zwei gleicherweise Glück haben bei entgegengesetztem Verfahren, indem der eine bedächtig, der andre ungestüm ist. Der Grund hierfür liegt einzig im Charakter der Zeit, der mit ihrer Handlungsweise übereinstimmt oder nicht. Daher kommt es, daß, wie gesagt, zwei, die entgegengesetzt handeln, den gleichen Erfolg haben, und von zweien, die übereinstimmend handeln, der eine sein Ziel erreicht, der andre nicht. Daher rührt auch der Wechsel des Glückes: denn wenn einer bedächtig und geduldig verfährt und Zeit und Umstände so beschaffen sind, daß seine Politik richtig ist, so gedeiht er. Ändern sich aber Zeit und Umstände, so geht er zugrunde, weil er seine Handlungsweise nicht ändert.

Johann Nestroy

Das Verfluchtekerlbewußtsein

WEINBERL Glauben Sie mir, junger Mann! Der Kommis hat auch Stunden, wo er sich auf ein Zuckerfaß lehnt und in süße Träumereien versinkt. Da fallt es ihm dann wie ein Fünfundzwanzig-Pfund-Gewicht aufs Herz, daß er von Jugend auf ans G'wölb' gefesselt war wie ein Blassel an die Hütten. Wenn man nur aus unkompletten Makulaturbüchern etwas vom Weltleben weiß, wenn man den Sonnenaufgang nur vom Bodenfensterl, die Abendröte nur aus Erzählungen der Kundschaften kennt, da bleibt eine Leere im Innern, die alle Ölfässer des Südens, alle Heringfässer des Nordens nicht ausfüllen, eine Abgeschmacktheit, die alle Muskatblüt' Indiens nicht würzen kann.

CHRISTOPHERL Das wird jetzt ein anders G'sicht kriegen als Kompagnon.

WEINBERL Weiß nicht. Der Diener ist Sklav' des Herrn, der Herr Sklav' des Geschäfts. Erhaben ist die zweite Sklaverei, aber so wenig mit Genuß begabt als wie die erste. – Wenn ich nur einen wiffen Punkt wüßt' in meinem Leben, wenn ich nur von ein paar Tag' sagen könnt': da bin ich ein verfluchter Kerl g'wesen – aber nein! Ich war nie verfluchter Kerl. Wie schön wär' das, wenn ich einmal als alter Handelsherr mit die andern alten Handelsherren beim jungen Wein sitz', wenn so im traulichen Gespräch das Eis aufg'hackt wird vor dem Magazin der Erinnerung, wenn die G'wölb'tür der Vorzeit wieder aufgesperrt und die Budel der Phantasie voll ang'ramt wird mit Waren von ehmals, wenn ich dann beim lebhaften Ausverkauf alter G'schichten sagen könnt': »Oh! Ich war auch einmal ein verfluchter Kerl, ein Teuxelsmensch, ein Schwerack!« – Ich muß – ich muß um jeden Preis dieses Verfluchtekerlbewußtsein mir erringen.

Georg Wilhelm Friedrich Hegel

Der Trieb der Perfektibilität

Die abstrakte Veränderung überhaupt, welche in der Geschichte vorgeht, ist längst in einer allgemeinen Weise gefaßt worden, so daß sie zugleich einen Fortgang zum Besseren, Vollkommneren enthalte. Die Veränderungen in der Natur, so unendlich mannigfach sie sind, zeigen nur einen Kreislauf, der sich immer wiederholt; in der Natur geschieht nichts Neues unter der Sonne, und insofern führt das vielförmige Spiel ihrer Gestaltungen eine Langeweile mit sich. Nur in den Veränderungen, die auf dem geistigen Boden vorgehen, kommt Neues hervor. Diese Erscheinung am Geistigen ließ in dem Menschen eine andere Bestimmung überhaupt sehen als in den bloß natürlichen Dingen – in welchen sich immer ein und derselbe stabile Charakter kundgibt, in den alle Veränderung zurückgeht –, nämlich eine wirkliche Veränderungsfähigkeit, und zwar zum Besseren – ein Trieb der *Perfektibilität.*

Friedrich Nietzsche

Möglichkeit des Fortschritts

Wenn ein Gelehrter der alten Kultur es verschwört, nicht mehr mit Menschen umzugehen, welche an den Fortschritt glauben, so hat er recht. Denn die alte Kultur hat ihre Größe und Güte hinter sich und die historische Bildung zwingt einen, zuzugestehen, daß sie nie wieder frisch werden kann [...]. Aber die Menschen können mit Bewußtsein beschließen, sich zu einer neuen Kultur fortzuentwickeln, während sie sich früher unbewußt und zufällig entwickelten: sie können jetzt bessere Bedingungen für die Entstehung der Menschen, ihre Ernährung, Erziehung, Unterrichtung schaffen, die Erde als Ganzes ökonomisch verwalten, die Kräfte der Menschen überhaupt gegen einander abwägen und einsetzen. Diese neue bewußte Kultur tötet die alte, welche, als Ganzes angeschaut ein unbewußtes Tier- und Pflanzenleben geführt hat; sie tötet auch das Mißtrauen gegen den Fortschritt, – er ist möglich. Ich will sagen: es ist voreilig und fast unsinnig, zu glauben, daß der Fortschritt notwendig erfolgen müsse; aber wie könnte man leugnen, daß er möglich sei?

Jean-Jacques Rousseau

Vom Gesellschaftsvertrag

Ich unterstelle, daß die Menschen jenen Punkt erreicht haben, an dem die Hindernisse, die ihrem Fortbestehen im Naturzustand schaden, in ihrem Widerstand den Sieg davontragen über die Kräfte, die jedes Individuum einsetzen kann, um sich in diesem Zustand zu halten. Dann kann dieser ursprüngliche Zustand nicht weiterbestehen, und das Menschengeschlecht würde zugrunde gehen, wenn es die Art seines Daseins nicht änderte.

Da die Menschen nun keine neuen Kräfte hervorbringen, sondern nur die vorhandenen vereinen und lenken können, haben sie kein anderes Mittel, sich zu erhalten, als durch Zusammenschluß eine Summe von Kräften zu bilden, stärker als jener Widerstand, und diese aus einem einzigen Antrieb einzusetzen und gemeinsam wirken zu lassen.

Diese Summe von Kräften kann nur durch das Zusammenwirken mehrerer entstehen: da aber Kraft und Freiheit jedes Menschen die ersten Werkzeuge für seine Erhaltung sind – wie kann er sie verpfänden, ohne sich zu schaden und ohne die Pflichten gegen sich selbst zu vernachlässigen? Diese Schwierigkeit läßt sich, auf meinen Gegenstand angewandt, so ausdrücken: »Finde eine Form des Zusammenschlusses, die mit ihrer ganzen gemeinsamen Kraft die Person und das Vermögen jedes einzelnen Mitglieds verteidigt und schützt und durch die doch jeder, indem er sich mit allen vereinigt, nur sich selbst gehorcht und genauso frei bleibt wie zuvor.« Das ist das grundlegende Problem, dessen Lösung der Gesellschaftsvertrag darstellt.

Christian Fürchtegott Gellert

Der Blinde und der Lahme

Von ungefähr muß einen Blinden,
Ein Lahmer auf der Straße finden,
Und jener hofft schon freudenvoll,
Daß ihn der andre leiten soll.

»Dir«, spricht der Lahme, »beizustehen?
Ich armer Mann kann selbst nicht gehen;
Doch scheints, daß du zu einer Last
Noch sehr gesunde Schultern hast.

Entschließe dich, mich fortzutragen:
So will ich dir die Stege sagen:
So wird dein starker Fuß mein Bein,
Mein helles Auge deines sein.«

Der Lahme hängt, mit seinen Krücken,
Sich auf des Blinden breiten Rücken.
Vereint wirkt also dieses Paar,
Was einzeln keinem möglich war.

Du hast das nicht, was andre haben,
Und andern mangeln deine Gaben;
Aus dieser Unvollkommenheit
Entspringet die Geselligkeit.

Wenn jenem nicht die Gabe fehlte,
Die die Natur für mich erwählte:
So würd er nur für sich allein,
Und nicht für mich bekümmert sein.

Beschwer die Götter nicht mit Klagen!
Der Vorteil, den sie dir versagen,
Und jenem schenken, wird gemein,
Wir dürfen nur gesellig sein.

Susan Neiman

Rousseaus Beitrag

Die menschliche Natur hat sich verändert. So beginnt der zweite *Discours.* Wie revolutionär das ist, wird deutlich, wenn wir uns klar machen, daß frühere Denker die menschliche Natur als sich in Raum und Zeit gleichbleibend betrachteten. Die klassische Antike glaubte, der Kosmos sei ewig, und die Beziehung der Menschen in ihm ein für alle Mal festgelegt.

Mit der Behauptung, Gott oder die Apokalypse könne den Lauf der Welt verändern, brach das jüdische und christliche Denken mit dem bis dahin vorherrschenden statischen Weltbild. Die Lehre der Erbsünde besagt aber nicht mehr, als daß sich die menschliche Natur höchstens einmal gewandelt hat: Zum Zeitpunkt des Sündenfalls. Viele Aufklärer nahmen die neuen, durch Handel und Reisen gemachten Entdeckungen nicht als Beweis für die Vielfalt menschlicher Natur; sie schienen in ihren Augen eher für ihre betrübliche Einförmigkeit zu sprechen. Wenn die menschliche Natur eine feste Größe ist, dann ist auch das Böse, das wir verursachen oder erleiden, in ihr festgelegt. Das eine ist so unveränderlich wie das andere. Was daraus folgt, ist ebenso bequem wie niederdrückend. Wenn die menschliche Natur durch eine falsche Entscheidung im Garten Eden korrupt wurde, machen unsere einzelnen Entscheidungen auch nicht mehr viel aus. Für Rousseau jedoch hat die menschliche Natur eine Geschichte, und durch unsere Entscheidungen beeinflussen wir sie.

Geschichte ist genau die Art von Kategorie, die hier gefragt ist, denn sie ermöglicht uns, die Welt zu verstehen, und läßt Hoffnung auf eine aktive Veränderung. Geschichte schafft einen Spielraum zwischen Notwendigkeit und Zufall, sie macht Handlungen verständlich, ohne sie zu determinieren. War das Auftreten des Bösen unvermeidlich, vermag nur ein Wunder uns zu retten. War es ein Zufall, dann ergibt die Welt, in der das Böse sich niederschlägt, keinen Sinn. Mit der Geschichte kommt demgegenüber Dynamik ins Spiel. Wenn das Böse in die Welt hineingekommen ist, dann mag es auch aus ihr herauszuschaffen sein, vorausgesetzt seine Entwicklung ist nicht völlig undurchschaubar. Nach Rousseau müssen wir die Realität des Bösen nicht bestreiten. Wir können es vielmehr in eine Welt integrieren, die wir immer besser verstehen lernen. Indem wir das Böse als historisches Phänomen erforschen, wird es Teil unserer Bemühungen, die Welt theoretisch verständlicher und praktisch veränderbar zu machen.

Friedrich Engels

Geschichte wird gemacht

Die ganze bisherige Geschichtsanschauung beruhte auf der Vorstellung, daß die letzten Gründe aller geschichtlichen Veränderungen zu suchen sind in den sich verändernden Ideen der Menschen, und daß von allen geschichtlichen Veränderungen wieder die politischen die wichtigsten, die ganze Geschichte beherrschenden sind. Woher aber den Menschen die Ideen kommen und welches die treibenden Ursachen der politischen Veränderungen sind, danach hatte man nicht gefragt. Nur der neueren Schule der französischen und teilweise auch der englischen Geschichtsschreiber hatte sich die Überzeugung aufgedrängt, wenigstens seit dem Mittelalter sei die treibende Kraft in der europäischen Geschichte der Kampf des sich entwickelnden Bürgertums mit dem Feudaladel um die gesellschaftliche und politische Herrschaft. Marx wies nun nach, daß die ganze bisherige Geschichte eine Geschichte von Klassenkämpfen ist, daß es sich in all den vielfachen und verwickelten politischen Kämpfen nur um die gesellschaftliche und politische Herrschaft von Gesellschaftsklassen handelt, um die Behauptung der Herrschaft seitens älterer, um die Erringung der Herrschaft seitens neu emporkommender Klassen. Wodurch aber entstehen und bestehen wieder diese Klassen? Durch die jedesmaligen materiellen, grobsinnlichen Bedingungen, unter denen die Gesellschaft zu einer gegebenen Zeit ihren Lebensunterhalt produziert und austauscht. Die Feudalherrschaft des Mittelalters beruhte auf der selbstgenügsamen, fast alle ihre Bedürfnisse selbst erzeugenden, fast austauschlosen Wirtschaft kleiner Bauerngemeinden, denen der streitbare Adel Schutz nach außen und nationalen oder doch politischen Zusammenhang verlieh; als die Städte und mit ihnen eine gesonderte Handwerksindustrie und ein erst binnenländischer, später internationaler Handelsverkehr aufkamen, entwickelte sich das städtische Bürgertum und eroberte sich im Kampfe mit dem Adel noch im Mittelalter seine Einfügung als ebenfalls bevorrechteter Stand in die Feudalordnung. Aber mit der Entdeckung der außereuropäischen Erde von der Mitte des 15. Jahrhunderts an erhielt dies Bürgertum ein weit umfassenderes Handelsgebiet und damit einen neuen Sporn für seine Industrie; das Handwerk wurde in den wichtigsten Zweigen verdrängt durch die schon fabrikmäßige Manufaktur und diese wieder durch die mit den Erfindungen des vorigen Jahrhunderts, namentlich der Dampfmaschine, möglich gewordene Großindustrie, die wieder auf den Handel zurückwirkte, indem sie in zurückgebliebenen Ländern die alte Handarbeit verdrängte und in den weiter entwickelten die gegenwärtigen neuen Verkehrsmittel, Dampfmaschinen, Eisenbahnen, elektrische Telegraphen schuf. So vereinigte das Bürgertum mehr und mehr die gesellschaftlichen

Reichtümer und die gesellschaftliche Macht in seiner Hand, während es noch lange Zeit von der in den Händen des Adels und des auf den Adel gestützten Königtums befindlichen politischen Macht ausgeschlossen blieb. Aber auf gewisser Stufe – in Frankreich seit der großen Revolution – eroberte es auch diese und wurde nun seinerseits herrschende Klasse gegenüber dem Proletariat und den Kleinbauern. Von diesem Gesichtspunkte aus erklären sich alle geschichtlichen Erscheinungen – bei genügender Kenntnis der jedesmaligen ökonomischen Gesellschaftslage, die freilich unseren Geschichtsschreibern von Fach total abgeht – auf das einfachste, und ebenso erklären sich höchst einfach die Vorstellungen und Ideen einer jeden Geschichtsperiode aus den wirtschaftlichen Lebensbedingungen und den, von diesen wieder bedingten, gesellschaftlichen und politischen Verhältnissen dieser Periode. Die Geschichte war zum ersten Male auf ihre wirkliche Grundlage gestellt; die handgreifliche, aber bisher total übersehene Tatsache, daß die Menschen vor allem essen, trinken, wohnen und sich kleiden, also *arbeiten* müssen, ehe sie um die Herrschaft streiten, Politik, Religion, Philosophie usw. treiben können – diese handgreifliche Tatsache kam jetzt endlich zu ihrem geschichtlichen Recht.

Brüder Grimm

Die Bremer Stadtmusikanten

Es war einmal ein Mann, der hatte einen Esel, welcher schon lange Jahre unverdrossen die Säcke in die Mühle getragen hatte. Nun aber gingen die Kräfte des Esels zu Ende, so daß er zur Arbeit nicht mehr taugte. Da dachte der Herr daran, ihn wegzugeben. Aber der Esel merkte, daß sein Herr etwas Böses im Sinn hatte, lief fort und machte sich auf den Weg nach Bremen. Dort, so meinte er, könnte er ja Stadtmusikant werden.

Als er schon eine Weile gegangen war, fand er einen Jagdhund am Wege liegen, der jämmerlich heulte. »Warum heulst du denn so, Packan?« fragte der Esel.

»Ach«, sagte der Hund, »weil ich alt bin, jeden Tag schwächer werde und auch nicht mehr auf die Jagd kann, wollte mich mein Herr totschießen. Da hab ich Reißaus genommen. Aber womit soll ich nun mein Brot verdienen?«

»Weißt du, was«, sprach der Esel, »ich gehe nach Bremen und werde dort Stadtmusikant. Komm mit mir und laß dich auch bei der Musik annehmen. Ich spiele die Laute, und du schlägst die Pauken.« Der Hund war einverstanden, und sie gingen mitsammen weiter.

Es dauerte nicht lange, da sahen sie eine Katze am Wege sitzen, die machte ein Gesicht wie drei Tage Regenwetter. »Was ist denn dir in die Quere gekommen, alter Bartputzer?« fragte der Esel.

»Wer kann da lustig sein, wenn's einem an den Kragen geht«, antwortete die Katze. »Weil ich nun alt bin, meine Zähne stumpf werden und ich lieber hinter dem Ofen sitze und spinne, als nach Mäusen herumjage, hat mich meine Frau ersäufen wollen. Ich konnte mich zwar noch davonschleichen, aber nun ist guter Rat teuer. Wo soll ich jetzt hin?«

»Geh mit uns nach Bremen! Du verstehst dich doch auf die Nachtmusik, da kannst du Stadtmusikant werden.« Die Katze hielt das für gut und ging mit.

Als die drei so miteinander gingen, kamen sie an einem Hof vorbei. Da saß der Haushahn auf dem Tor und schrie aus Leibeskräften. »Du schreist einem durch Mark und Bein«, sprach der Esel, »was hast du vor?«

»Die Hausfrau hat der Köchin befohlen, mir heute abend den Kopf abzuschlagen. Morgen, am Sonntag, haben sie Gäste, da wollen sie mich in der Suppe essen. Nun schrei ich aus vollem Hals, solang ich noch kann.«

»Ei was«, sagte der Esel, »zieh lieber mit uns fort, wir gehen nach Bremen, etwas Besseres als den Tod findest du überall. Du hast eine gute Stimme, und wenn wir mitsammen musizieren, wird es gar herrlich klingen.« Dem Hahn gefiel der Vorschlag, und sie gingen alle vier mitsammen fort.

Sie konnten aber die Stadt Bremen an einem Tag nicht erreichen und kamen abends in einen Wald, wo sie übernachten wollten. Der Esel und der Hund legten sich unter einen großen Baum, die Katze kletterte auf einen Ast, und der Hahn flog bis in den Wipfel, wo es am sichersten für ihn war.

Ehe er einschlief, sah er sich noch einmal nach allen vier Windrichtungen um. Da bemerkte er einen Lichtschein. Er sagte seinen Gefährten, daß in der Nähe ein Haus sein müsse, denn er sehe ein Licht. Der Esel antwortete: »So wollen wir uns aufmachen und noch hingehen, denn hier ist die Herberge schlecht.« Der Hund meinte, ein paar Knochen und etwas Fleisch daran täten ihm auch gut.

Also machten sie sich auf den Weg nach der Gegend, wo das Licht war. Bald sahen sie es heller schimmern, und es wurde immer größer, bis sie vor ein hellerleuchtetes Räuberhaus kamen. Der Esel, als der größte, näherte sich dem Fenster und schaute hinein.

»Was siehst du, Grauschimmel?« fragte der Hahn.

»Was ich sehe?« antwortete der Esel. »Einen gedeckten Tisch mit schönem Essen und Trinken, und Räuber sitzen rundherum und lassen sich's gutgehen!«

»Das wäre etwas für uns«, sprach der Hahn.

Da überlegten die Tiere, wie sie es anfangen könnten, die Räuber hinauszujagen. Endlich fanden sie ein Mittel. Der Esel stellte sich mit den Vorderfüßen auf das Fenster, der Hund sprang auf des Esels Rücken, die Katze kletterte auf den Hund, und zuletzt flog der Hahn hinauf und setzte sich der Katze auf den Kopf. Als das geschehen war, fingen sie auf ein Zeichen an, ihre Musik zu machen: der Esel schrie, der Hund bellte, die Katze miaute, und der Hahn krähte. Darauf stürzten sie durch das Fenster in die Stube hinein, daß die Scheiben klirrten.

Die Räuber fuhren bei dem entsetzlichen Geschrei in die Höhe. Sie meinten, ein Gespenst käme herein, und flohen in größter Furcht in den Wald hinaus.

Nun setzten sich die vier Gesellen an den Tisch, und jeder aß nach Herzenslust von den Speisen, die ihm am besten schmeckten.

Als sie fertig waren, löschten sie das Licht aus, und jeder suchte sich eine Schlafstätte nach seinem Geschmack. Der Esel legte sich auf den Mist, der Hund hinter die Tür, die Katze auf den Herd bei der warmen Asche, und der Hahn flog auf das Dach hinauf. Und weil sie müde waren von ihrem langen Weg, schliefen sie bald ein.

Als Mitternacht vorbei war und die Räuber von weitem sahen, daß kein Licht mehr im Haus brannte und alles ruhig schien, sprach der Hauptmann: »Wir hätten uns doch nicht sollen ins Bockshorn jagen lassen.« Er schickte einen Räuber zurück, um nachzusehen, ob noch jemand im Hause wäre.

Der Räuber fand alles still. Er ging in die Küche und wollte ein Licht anzünden. Da sah er die feurigen Augen der Katze und meinte, es wären glühende Kohlen. Er hielt ein Schwefelhölzchen daran, daß es Feuer fangen sollte. Aber die Katze verstand keinen Spaß, sprang ihm ins Gesicht und kratzte ihn aus Leibeskräften. Da erschrak er gewaltig und wollte zur Hintertür hinauslaufen. Aber der Hund, der da lag, sprang auf und biß ihn ins Bein. Als der Räuber über den Hof am Misthaufen vorbeirannte, gab ihm der Esel noch einen tüchtigen Schlag mit dem Hinterfuß. Der Hahn aber, der von dem Lärm aus dem Schlaf geweckt worden war, rief vom Dache herunter: »Kikeriki!«

Da lief der Räuber, was er konnte, zu seinem Hauptmann zurück und sprach: »Ach, in dem Haus sitzt eine greuliche Hexe, die hat mich angehaucht und mir mit ihren langen Fingern das Gesicht zerkratzt. An der Tür steht ein Mann mit einem Messer, der hat mich ins Bein gestochen. Auf dem Hof liegt ein schwarzes Ungetüm, das hat mit einem Holzprügel auf mich losgeschlagen. Und oben auf dem Dache, da sitzt der Richter, der rief: ›Bringt mir den Schelm her!‹ Da machte ich, daß ich fortkam.«

Von nun an getrauten sich die Räuber nicht mehr in das Haus. Den vier Bremer Stadtmusikanten aber gefiel's darin so gut, daß sie nicht wieder hinaus wollten.

Heribert Prantl

Zukunft

Es ist bitter, wenn das Wort Zukunft vom Frohwort zum Drohwort wird. Das darf nicht passieren. Die bedrohlichen politischen Irrlehren der Gegenwart, der populistische Extremismus und der neue aggressive Nationalismus, sind keine Naturgewalten, sie sind nicht zwangsläufig, sie kommen nicht einfach unausweichlich auf uns zu und über uns. Es gibt keine Zukunft, von der man sagen könnte, dass es sie einfach gibt, dass sie einfach auf uns zu und über uns kommt. Zukunft ist nichts Feststehendes, nichts Festgefügtes, Zukunft kommt nicht einfach – es gibt nur eine Zukunft, die sich jeden gegenwärtigen Augenblick formt: je nachdem, welchen Weg ein Mensch, welchen eine Gesellschaft wählt, welche Entscheidungen die Menschen treffen, welche Richtung die Gesellschaft einschlägt. Daran sollte man denken, wenn die nächste düstere Prognose einem den Mut rauben will. Die Zukunft ist nicht geformt, sie wird geformt. Die Frage ist nicht, welche Zukunft man hat oder erduldet, die Frage ist, welche Zukunft man haben will und wie man darauf hinlebt und hinarbeitet.

Karen Duve

Potenziale

Über Jahrtausende haben die Reichen und Mächtigen dieser Welt ihren Status mit göttlicher Auserwähltheit legitimiert. Nach der Aufklärung und mit der Etablierung der Leistungsgesellschaft kam ihnen gerade noch rechtzeitig die Argumentationslinie in der Evolutionstheorie von Darwin zu Hilfe: Auslese durch Konkurrenz und Durchsetzungsfähigkeit. Eine etwas eigenwillige Auslegung der Idee von »survival of the fittest«, bei der es eigentlich um die beste Anpassung an die Umweltbedingungen geht. Die Sympathisanten der freien Marktwirtschaft stellen sich das folgendermaßen vor: Wie in der Natur besteht auch in der menschlichen Gesellschaft ein allgegenwärtiger Wettkampf, bei dem die Besten sich durchsetzen und die Schwächeren aussortiert werden. Die Auslese der Tauglichsten führt zur Optimierung der gesamten Gesellschaft. Demzufolge wird die Geschichte der Menschheit gern als Erfolgsstory gelesen, in der wir in den vergangenen 100 000 Jahren dank der überlegenen Intelligenz, der Erfindungsgabe und Neugierde unserer Spezies eine ganz erstaunliche Entwicklung durchgemacht und alle anderen Spezies weit hinter uns gelassen haben. Und das vor allem dank einiger besonders kompetenter und durchsetzungsfähiger Persönlichkeiten, die Forschung, Wirtschaft und Kultur unermüdlich vorangetrieben haben.

So war es natürlich nicht. Wenn unsere Geschichte eine Geschichte der Sieger gewesen ist, dann haben sich logischerweise immer nur die Dominantesten und Rücksichtslosesten durchgesetzt, die mit den ausgeprägten Eigeninteressen. Außerdem wurden Angelegenheiten immer nur auf ein und dieselbe Art erledigt. Das Potenzial der friedlicher Gestimmten hat die ganze Zeit brachgelegen und die vielfältigen Möglichkeiten einer Gesellschaft wurden nicht annähernd ausgeschöpft. Dominante Menschen sind zwangsläufig oft egoistische Menschen. Mitgefühl für die Probleme oder Bedürfnisse anderer bedeutet schließlich immer auch Verlust der eigenen Perspektive. Das kann man sich nicht leisten, wenn man nach oben will. Zukünftige Chefs müssen sich im Griff haben, dürfen ihre eigenen Interessen und die der Firma niemals aus den Augen verlieren, bloß weil da irgend ein Tümpel mit den letzten 50 lebenden Graufuß-Molchen gefährdet ist oder 2000 Leute ihre Arbeit verlieren könnten.

Die Geschichte der Menschheit ist deswegen vor allem die Geschichte einiger weniger gewesen, die alles dafür getan haben, kurzfristige Ziele zum eigenen Wohl und zum Wohl der Ihrigen gegen langfristige Ziele zum Wohl aller durchzusetzen. 100 000 Jahre sind eine sehr, sehr lange Zeit, und man fragt sich doch, ob die Entwicklung der Menschheit nicht mitunter recht zäh vorangeschritten ist und wieso es zwischendurch immer wieder lange Jahre, Jahrzehnte, Jahrhunderte der Stagnation gegeben hat. Ist wirklich nicht mehr drin gewesen? Welche Arzneimittel wären wohl entwickelt worden, wenn Pharmafirmen nicht zum Wohle des eigenen Profits, sondern zum Wohle der Menschheit forschen würden? Sich jetzt zum Beispiel mit aller Finanzkraft der Entwicklung neuer Antibiotika widmen würden? Und wenn man potenzielle Wissenschaftler nicht durch unfaire Exklusivität oder durch die rituelle Langweiligkeit der Ausbildung von den Universitäten fernhalten würde? Überhaupt: Welche Erfindungen wären gemacht, welche Kunstwerke geschaffen und welche sozialen Errungenschaften wären etabliert worden, wenn die Mächtigen nicht über Jahrtausende hinweg stets den größten Teil der Gesellschaft unterdrückt und von Entscheidungen, Ressourcen und dem Zugang zu Bildung ausgeschlossen hätten? Allein die Gewohnheit, Frauen den Zugang zu Universitäten, Politik und Wirtschaft zu verwehren, hat bis vor Kurzem 50 % des gesellschaftlichen Potenzials einfach kaltgestellt. Rechnet man noch die anderen Vorwände dazu, aus denen Menschen der Zugang zu Bildung, Ressourcen und Macht verwehrt wurde und wird – falsche Hautfarbe, falsche Herkunft, falsche Religion, zu arm, usw. –, wird deutlich, dass die Menschheit stets nur einen Bruchteil ihrer Intelligenz und Kreativität genutzt hat, nämlich den, der zufällig gerade bei den Reichen, Mächtigen und Einflussreichen vorhanden war. Dominanz und Intelligenz schließen sich keineswegs aus, nur bedingen sie sich auch nicht gerade. Eine kleine Kaste besonders aggressiver oder sagen wir besser: durchsetzungsfähiger

Individuen hat weit größere Teile der Gesellschaft vorsichtshalber daran gehindert, zu zeigen, was in ihnen steckt. Wozu auch? Das hätte ja bedeutet, kurzfristig mit ihnen zu teilen, bloß damit es langfristig allen besser geht. Außerdem stellt sich das Gefühl, »es« geschafft zu haben, nur dann in befriedigender Intensität ein, wenn es genügend andere gibt, die erfolglos bleiben. Die Dominanten wollen nicht das Beste für alle, sondern das Beste für sich. Sie nehmen es sogar in Kauf, selber weniger zu haben, wenn dafür die anderen noch weniger bekommen. Hauptsache, der Statusunterschied bleibt groß genug, dass sich ein Überlegenheitsgefühl einstellt. Am Ende hat man eine von Eigennutz, sozialer Inkompetenz, Patriarchat und dem zwanghaften Bedürfnis nach Überlegenheitsgefühlen vernebelte Gesellschaft, die weit unter ihren Möglichkeiten geblieben ist und sich selbst dafür lobt, wie toll sie das alles hingekriegt hat. Wer die Macht hat, hat schließlich auch die Definitionsmacht. Über Jahrhunderte den Frauen den Zugang zu Universitäten zu verweigern, und sich dann hinzustellen und die Überlegenheit des eigenen Geschlechts als ewige kosmische Wahrheit darzustellen, die sich schon allein daran ablesen lässt, dass alle wichtigen Erfindungen und großen Konstruktionen stets von Männern gemacht worden sind, dazu gehört schon eine ordentliche Portion Selbstgefälligkeit.

Die Kulturleistungen, die wir den dominanten Alpha-Männern zu verdanken haben, mögen ja ganz beeindruckend sein – zumindest im Vergleich mit der Schimpansenkultur –, aber sie sind nichts im Vergleich zu dem, was alles hätte sein können, wenn wir nicht

Jahrhundert für Jahrhundert von den aggressivsten, egoistischsten, raffgierigsten und dabei nicht einmal besonders intelligenten Charakteren geleitet worden wären. Die, die immer wieder verhindert oder zunichtegemacht haben, was intelligentere oder sozialere Artgenossen uns hätten bieten können.

Wenn man unsere Kulturgeschichte mit einem Auto vergleicht, dann sind wir nicht nur mit angezogener Handbremse gefahren, sondern auch mit platten Reifen, dreckigen Zündkerzen und einer verbogenen Lenkung. Und jetzt haben wir uns festgefahren. Wenn wir den Karren wieder aus dem Dreck holen wollen, wird es Zeit, mal die anderen ans Steuer zu lassen – verantwortungsbewusste, sachorientierte, soziale und zur Selbstbeherrschung fähige Leute. Menschen, die in der Lage sind, maßvolle und für die ganze Gesellschaft vorteilhafte Entscheidungen zu treffen.

Dr. Owlglass

Letzte Illusion

Viele hast du schon begraben,
— o wie glänzte ihr Gefieder!
Aber diese eine bleibt.
Und du sollst dich dran erlaben,
wenn sie mit dir altem Knaben
immer wieder, immer wieder
ihre holden Scherze treibt.
Nämlich das beliebte Hoffen
(dem du gläubig Beifall zolltest;
denn der Wille ist ja – frei!):
manches wäre eingetroffen,
vieles stehe dir noch offen,
wenn du dich bloß ändern wolltest,
— was doch nicht so schwierig sei.
Heute feiern wir Silvestern.
Laßt uns einen Krug entkorken.
Zum Behuf der Innenschau.
Und nun wollen wir das Gestern
inklusive heut verlästern.
Aber morgen, aber morgen
fällt ein Wunder aus dem Blau.

5

DA GEHT WAS

Seit je wird den Menschen zugemutet,
sich nach der Decke zu strecken,
sie lernten das, nur eben ihre Wünsche und Träume
gehorchten ihnen nicht.

Ernst Bloch

Vom bloßen Wünschen ist noch keiner satt geworden.
Es hilft nichts, ja schwächt,
wenn kein scharfes Wollen hinzukommt.
Und mit ihm ein scharfer, umsichtiger Blick,
der dem Wollen zeigt, was getan werden kann.

Ernst Bloch

Bertrand Russell

Die Aufgaben der Philosophie

Die Philosophie hat seit ihren frühesten Zeiten zwei verschiedene Ziele gehabt, die man für eng verschwistert hielt. Das eine war ein theoretisches Verständnis des Aufbaus der Welt, das andere, die beste Lebenshaltung zu entdecken und zu predigen. Von Heraklit bis zu Hegel, ja selbst bis zu Marx behielt sie diese beiden Ziele ständig im Auge; sie war weder rein theoretisch noch rein praktisch, sondern strebte nach einer Theorie des Universums, um eine praktische Ethik darauf zu gründen.

So stand die Philosophie in enger Beziehung einerseits zur Wissenschaft, andrerseits zur Religion. Betrachten wir zuerst ihr Verhältnis zur Wissenschaft. Diese war bis zum achtzehnten Jahrhundert in dem, was man gemeinhin »Philosophie« nannte, inbegriffen; seit damals aber ist das Wort »Philosophie« in seiner theoretischen Bedeutung auf die abstraktesten und allgemeinsten Gebiete der wissenschaftlichen Disziplinen beschränkt. Es heißt oft, die Philosophie mache keine Fortschritte. Allein das ist ein bloßer Streit um Worte: sobald man nämlich über eine alte Streitfrage endgültig Sicherheit gewonnen hat, wird dies neue Wissen der »Wissenschaft« zugerechnet und so die Philosophie der ihr gebührenden Anerkennung beraubt.

Bei den Griechen und bis herauf zu Newton gehörte die Theorie der Planeten zur »Philosophie«, weil sie unsicher und abstrakt war; Newton aber entzog diese Disziplin dem freien Meinungsstreit und machte sie zu einer neuen, die nun eine andere Art der Vorbildung erforderte als damals, als sie noch grundsätzlichen Zweifeln unterlag. Eine Evolutionstheorie besaß schon Anaximander im sechsten Jahrhundert v. Chr.; er verfocht die Abstammung des Menschen von Fischen.

Das war Philosophie; war es doch bloße Spekulation, die ausführlichen Beweismaterials entbehrte. Darwins Evolutionstheorie hingegen war Wissenschaft, beruhte sie doch auf der Aufeinanderfolge von Lebensformen, wie man sie in Fossilien vorfand, und auf der Verteilung von Tieren und Pflanzen in vielen Weltgegenden. Man könnte sogar, nicht ganz zu Unrecht, scherzen: »Wissenschaft ist, was wir wissen; Philosophie, was wir nicht wissen.« Man sollte aber hinzufügen, daß die philosophische Spekulation über das, was wir noch nicht wissen, sich als wertvolle Vorstufe exakter Wissenschaft erwiesen hat. Die Vermutungen der Pythagoreer über Astronomie, von Anaximander und Empedokles, über biologische Evolution und von Demokrit über den atomistischen Aufbau der Materie lieferten den späteren Wissenschaftlern Hypothesen, auf die sie ohne die Philosophen vielleicht nie verfallen wären. Wir dürfen sagen, daß die Philosophie im theoretischen Sinn des Wortes wenigstens zum Teil in der Formulierung großzügiger, allgemeiner Hypothesen besteht, welche die Wissenschaft noch nicht überprüfen kann; wird es möglich, sie zu überprüfen, so werden sie, falls bestätigt, ein Teil der Wissenschaft und zählen nicht mehr als »Philosophie«.

Der Nutzen der Philosophie im theoretischen Sinn des Wortes erschöpft sich nicht in Spekulationen, auf deren Bestätigung durch die Wissenschaft wir in absehbarer Zeit hoffen dürfen. Gewisse Leute sind von dem, was die Wissenschaft weiß, so beeindruckt, daß sie darüber vergessen, was sie nicht weiß; anderen wieder liegt so viel mehr an dem, was sie nicht weiß, daß sie ihre Errungenschaften schmälern. Jene, die glauben, die Wissenschaft sei alles, werden selbstzufrieden und siegessicher und schmähen jedes Interesse an Fragen, die nicht so klar umrissen und bestimmt sind, wie es die naturwissenschaftliche Behandlung erfordert. In der Praxis neigen sie zur Auffassung, daß Fachkenntnis den Platz der Weisheit einnehmen könne und daß es »fortschrittlicher« und daher besser sei, einander mit den letzten Errungenschaften der Technik zu töten, als einander mit altmodischen Mitteln am Leben zu erhalten. Andererseits verfallen die Verächter der Wissenschaft in der Regel irgendeinem althergebrachten und gefährlichen Aberglauben und weigern sich, den ungeheuren Fortschritt der Menschheit und die Hebung ihres Wohlstandes anzuerkennen, die Wissenschaft und Technik bei weiser Anwendung ermöglichen würden. Beide Geisteshaltungen sind beklagenswert; den richtigen Weg weist uns die Philosophie, indem sie uns das Ziel, zugleich aber auch die Grenzen der Wissenschaft klar vor Augen führt.

Wollen wir alle ethischen oder Wertfragen vorläufig beiseitelassen, so gibt es eine Anzahl rein theoretischer Fragen von ewigem und leidenschaftlichem Interesse, welche die Wissenschaft wenigstens zur Zeit nicht beantworten kann. Gibt es ein Leben nach dem Tod in irgendeiner Form, und wenn ja, ist es zeitlich begrenzt oder aber ewig? Kann der Geist über die Materie herrschen oder beherrscht diese ihn gänzlich, oder ist vielleicht beiden ein gewisses Maß an Unabhängigkeit eigen? Hat das Universum einen Sinn oder treibt es blinder Zwang? Oder ist es etwa ein bloßes Chaos, ein Durcheinander, in dem unsere vermeintlichen Naturgesetze nur die Auswüchse unserer eigenen Ordnungsliebe sind? Wenn es einen Schöpfungsplan gibt, kommt darin dem Leben mehr Bedeutung zu, als die Astronomie uns glauben machen will, oder ist unsere Überbetonung des Lebens bloße Engstirnigkeit und Selbstüberhebung? Ich kenne die Antwort auf diese Fragen nicht, glaube auch nicht, daß jemand anderer sie kennt; ich glaube aber, daß das menschliche Leben ärmer würde, wollte man sie vergessen oder sich mit eindeutigen Antworten ohne schlüssige Beweise zufriedengeben. Das Interesse an solchen Fragen wachzuhalten und die vorgebrachten Antworten kritisch zu prüfen, ist eine der Aufgaben der Philosophie.

Bertolt Brecht

Da ist viel Platz

Das ärmliche Studierzimmer des Galilei in Padua

Es ist morgens. Ein Knabe, Andrea, der Sohn der Haushälterin, bringt ein Glas Milch und einen Wecken.

GALILEI *sich den Oberkörper waschend, prustend und fröhlich:* Stell die Milch auf den Tisch, aber klapp kein Buch zu.

ANDREA Mutter sagt, wir müssen den Milchmann bezahlen. Sonst macht er bald einen Kreis um unser Haus, Herr Galilei.

GALILEI Es heißt: er beschreibt einen Kreis, Andrea.

ANDREA Wie Sie wollen. Wenn wir nicht bezahlen, dann beschreibt er einen Kreis um uns, Herr Galilei.

GALILEI Während der Gerichtsvollzieher, Herr Cambione, schnurgerade auf uns zu kommt, indem er was für eine Strecke zwischen zwei Punkten wählt?

ANDREA *grinsend:* Die kürzeste.

GALILEI Gut. Ich habe was für dich. Sieh hinter den Sterntafeln nach.

Andrea fischt hinter den Sterntafeln ein großes hölzernes Modell des Ptolemäischen Systems hervor.

ANDREA Was ist das?

GALILEI Das ist ein Astrolab; das Ding zeigt, wie sich die Gestirne um die Erde bewegen, nach Ansicht der Alten.

ANDREA Wie?

GALILEI Untersuchen wir es. Zuerst das erste: Beschreibung.

ANDREA In der Mitte ist ein kleiner Stein.

GALILEI Das ist die Erde.

ANDREA Drum herum sind, immer übereinander, Schalen.

GALILEI Wie viele?

ANDREA Acht.

GALILEI Das sind die kristallnen Sphären.

ANDREA Auf den Schalen sind Kugeln angemacht …

GALILEI Die Gestirne.

ANDREA Da sind Bänder, auf die sind Wörter gemalt.

GALILEI Was für Wörter?

ANDREA Sternnamen.

GALILEI Als wie?

ANDREA Die unterste Kugel ist der Mond, steht drauf. Und darüber ist die Sonne.

GALILEI Und jetzt laß die Sonne laufen.

ANDREA *bewegt die Schalen:* Das ist schön. Aber wir sind so eingekapselt.

GALILEI *sich abtrocknend:* Ja, das fühlte ich auch, als ich das Ding zum ersten Mal sah. Einige fühlen das. *Er wirft Andrea das Handtuch zu, daß er ihm den Rücken abreibe.* Mauern und Schalen und Unbeweglichkeit! Durch zweitausend Jahre glaubte die Menschheit, daß die Sonne und alle Gestirne des Himmels sich um sie drehten. Der Papst, die Kardinäle, die Fürsten, die Gelehrten, Kapitäne, Kaufleute, Fischweiber und Schulkinder glaubten, unbeweglich in dieser kristallenen Kugel zu sitzen. Aber jetzt fahren wir heraus, Andrea, in großer Fahrt. Denn die alte Zeit ist herum, und es ist eine neue Zeit. Seit hundert Jahren ist es, als erwartete die Menschheit etwas.

Die Städte sind eng, und so sind die Köpfe. Aberglauben und Pest. Aber jetzt heißt es: da es so ist, bleibt es nicht so. Denn alles bewegt sich, mein Freund. Ich denke gerne, daß es mit den Schiffen anfing. Seit Menschengedenken waren sie nur an den Küsten entlang gekrochen, aber plötzlich verließen sie die Küsten und liefen aus über alle Meere.

Auf unserm alten Kontinent ist ein Gerücht entstanden: es gibt neue Kontinente. Und seit unsere Schiffe zu ihnen fahren, spricht es sich auf den lachenden Kontinenten herum: das große gefürchtete Meer ist ein kleines Wasser. Und es ist eine große Lust aufgekommen, die Ursachen aller Dinge zu erforschen: warum der Stein fällt, den man losläßt, und wie er steigt, wenn man ihn hochwirft. Jeden Tag wird etwas gefunden. Selbst die Hundertjährigen lassen sich noch von den Jungen ins Ohr schreien, was Neues entdeckt wurde.

Da ist schon viel gefunden, aber da ist mehr, was noch gefunden werden kann. Und so gibt es wieder zu tun für neue Geschlechter.

In Siena, als junger Mensch, sah ich, wie ein paar

Bauleute eine tausendjährige Gepflogenheit, Granitblöcke zu bewegen, durch eine neue und zweckmäßigere Anordnung der Seile ersetzten, nach einem Disput von fünf Minuten. Da und dann wußte ich: die alte Zeit ist herum, und es ist eine neue Zeit. Bald wird die Menschheit Bescheid wissen über ihre Wohnstätte, den Himmelskörper, auf dem sie haust. Was in den alten Büchern steht, das genügt ihr nicht mehr.

Denn wo der Glaube tausend Jahre gesessen hat, eben da sitzt jetzt der Zweifel. Alle Welt sagt: ja, das steht in den Büchern, aber laßt uns jetzt selbst sehn. Den gefeiertsten Wahrheiten wird auf die Schulter geklopft; was nie bezweifelt wurde, das wird jetzt bezweifelt.

Dadurch ist eine Zugluft entstanden, welche sogar den Fürsten und Prälaten die goldbestickten Röcke lüftet, so daß fette und dürre Beine darunter sichtbar werden, Beine wie unsere Beine. Die Himmel, hat es sich herausgestellt, sind leer. Darüber ist ein fröhliches Gelächter entstanden.

Aber das Wasser der Erde treibt die neuen Spinnrocken, und auf den Schiffswerften, in den Seil- und Segelhäusern regen sich fünfhundert Hände zugleich in einer neuen Anordnung.

Ich sage voraus, daß noch zu unsern Lebzeiten auf den Märkten von Astronomie gesprochen werden wird. Selbst die Söhne der Fischweiber werden in die Schulen laufen. Denn es wird diesen neuerungssüchtigen Menschen unserer Städte gefallen, daß eine neue Astronomie nun auch die Erde sich bewegen läßt. Es hat immer geheißen, die Gestirne sind an einem kristallenen Gewölbe angeheftet, daß sie nicht herunterfallen können.

Jetzt haben wir Mut gefaßt und lassen sie im Freien schweben, ohne Halt, und sie sind in großer Fahrt, gleich unseren Schiffen, ohne Halt und in großer Fahrt. Und die Erde rollt fröhlich um die Sonne, und die Fischweiber, Kaufleute, Fürsten und die Kardinäle und sogar der Papst rollen mit ihr.

Das Weltall aber hat über Nacht seinen Mittelpunkt verloren, und am Morgen hatte es deren unzählige. So daß jetzt jeder als Mittelpunkt angesehen wird und keiner. Denn da ist viel Platz plötzlich.

Unsere Schiffe fahren weit hinaus, unsere Gestirne bewegen sich weit im Raum herum, selbst im Schachspiel die Türme gehen neuerdings weit über alle Felder.

Wie sagt der Dichter? »O früher Morgen des Beginnens! ...«

ANDREA

»O früher Morgen des Beginnens!
O Hauch des Windes, der
Von neuen Küsten kommt!«

Und Sie müssen Ihre Milch trinken, denn dann kommen sofort wieder Leute.

Dante Alighieri

Odysseus an den Säulen des Herkules

Ich war nebst den Genossen alt und schwer schon,
Als wir zu jenem engen Schlund gelangten,
Wo Herkules sein Grenzmal aufgerichtet,
Damit der Mensch sich weiter hin nicht wage.
Zur rechten Hand ließ ich Sevilla liegen,
Weil ich zur andern Ceuta schon gelassen.
›O Brüder‹, sprach ich, ›die zum fernen West ihr
Durch hunderttausend Fährlichkeiten dranget,
Verschmäht doch nicht die kurze Abendwache
Der Sinneskraft, die euch noch übrigbleibet,
Zu nützen, um, der Sonne folgend, Kunde
Vom menschenleeren Weltteil zu erlangen.
Zieht euern Ursprung in Betrachtung, wurdet
Ihr doch gemacht nicht, gleich dem Vieh zu leben,
Nein, daß nach Tugend ihr und Kenntnis ringet.‹

Und die Genossen macht ich nach der Reise
Also begierig durch die kurze Rede,
Daß ich sie kaum dann abgehalten hätte.
Drauf, unser Hinterschiff gewandt nach Morgen,
Bewegten, Schwingen gleich zum tollen Fluge,

Die Ruder wir, stets mehr zur Linken steuernd.
Schon sah das Aug der Nacht die Sterne sämtlich
Des andern Poles und so tief den unsern,
Daß kaum er aus der Meeresflut emporstieg.
Fünfmal war neu entzündet und verlöscht schon
Das Licht am untern Teil des Mondes worden,
Seit in den schweren Pfad wir eingetreten,
Als endlich dunkel uns durch die Entfernung
Ein Berg erschien, der also hoch uns deuchte,
Wie ich noch keinen je gesehen hatte.

Aristoteles

Die Notwendigkeit zu zweifeln

Zum Behufe der gesuchten Wissenschaft ist es nötig, zunächst die Gegenstände in Betracht zu ziehen, welche zunächst Zweifel (*aporeîn*) erwecken müssen. Dies sind teils die abweichenden Ansichten, welche manche hierüber aufgestellt haben, teils anderes, was etwa bisher unbeachtet geblieben ist. Denn für die richtige Einsicht ist gründlicher Zweifel förderlich, indem die später sich ergebende Einsicht (*euporía*) die Lösung der früheren Zweifel ist, und man nicht lösen kann, wenn man den Knoten nicht kennt. Der Zweifel (*aporía*) aber im Denken (*diánoia*) zeigt diesen Knoten in der Sache an; denn im Zweifel gleicht man den Gebundenen, jenen wie diesen ist es unmöglich vorwärts zu schreiten.

Man muß deshalb vorher alle Schwierigkeit in Betracht gezogen haben, sowohl aus dem bereits ausgesprochenen Grunde, als auch weil man bei einer Forschung ohne vorausgegangenen Zweifel den Wanderern gleicht, welche nicht wissen, wohin sie zu gehen haben, und deshalb dann nicht einmal erkennen, ob sie das gesuchte Ziel erreicht haben oder nicht. Denn das Ziel (*télos*) ist ihnen ja nicht bekannt, wohl aber ist es dem bekannt, der vorher gezweifelt hat. Überdies muß notwendig der zur Entscheidung (*krînai*) befähigter sein, der die gegeneinander streitenden Gründe, wie ein Richter die streitenden Parteien, angehört hat.

Michael Ende

Gedanken eines zentraleuropäischen Eingeborenen

Ich habe gehört, daß man neuerdings an den Grenzen aller Reservate, die dem unseren ähnlich sind, große Warntafeln aufgestellt hat mit der Inschrift: »Vorsicht! Hier beginnt das Gebiet des Irrationalen! Lebensgefahr! Nicht weitergehen!«

Wir einfältigen Eingeborenen fragen uns vergeblich, was damit wohl gemeint sein kann. Das, was man in der Zivilisationswüste Rationalität und wissenschaftliche Aufklärung nennt, scheint uns nämlich das Gegenteil dessen hervorgebracht zu haben, was Vernunft und Loyalität jedem gesunden Menschen gebieten. Wir sehen, daß diese Leute mit ihrer wissenschaftlichen Aufklärung den Himmel, die Erde und die Gewässer vergiften. Wir sehen, daß sie sich selbst körperlich und seelisch zugrunde richten. Wir sehen, daß sie als Gipfel ihrer Erkenntnisse eine Bombe geschaffen haben, mit der man alles Leben auf der Erde nicht nur einmal, sondern viele Male vernichten kann. Wenn diese Ergebnisse ihrer Rationalität ihnen keine Angst machen, warum haben sie dann solche Angst vor unserer Irrationalität? Aber sie haben keine Angst vor ihrer Rationalität, sie sind sogar stolz darauf. Sind sie denn krank im Kopf?

Die Missionare aus der Zivilisationswüste sagen uns, alle diese schrecklichen Dinge sprächen durchaus nicht gegen die wissenschaftliche Aufklärung, es handle sich da nur um die falsche Anwendung an sich richtiger Erkenntnisse. Wir dagegen fragen uns, wie lange es wohl noch dauern wird, bis sie endlich begreifen, daß es nicht darum geht, von ihren Erkenntnissen einen anderen Gebrauch zu machen, sondern darum, nach einer anderen Art von Erkenntnissen zu streben. Das, was sie Rationalität nennen, hat sie offenbar blind gemacht. Können sie denn wirklich nicht sehen, daß der Tod schon von Anfang an in dieser Art ihres Denkens steckte und nun nach und nach hervortritt? Können sie denn wirklich glauben, daß ein totes und tödliches Denken, wenn es nur richtig angewendet wird, dem Leben dient? [...]

Und der Mensch selber? Ein Eiweißklümpchen hatte zufällig unter dem Einfluß kosmischer Strahlungen angefangen, sich zu vervielfältigen, das jeweils stärkere und besser angepaßte Lebewesen hatte die anderen aufgefressen und sich so immer höher entwickelt, bis sich schließlich über lurch- und affenartige Vorformen der Gipfel der natürlichen Auslese herausgemendelt hatte: Der Universitätsprofessor! Und das, was man bis dahin irrtümlicherweise für die menschliche Seele gehalten hatte, mit all ihren Idealen von Freiheit, Intelligenz, Verantwortung, Liebe, schöpferischer Kraft, Humor und Menschenwürde, wurde zur puren Illusion erklärt. »Objektiv gesehen« gab es nur eine Summe automatischer, elektrochemischer Prozesse in Hirn und Nervensystem, die man mit den entsprechenden Drähten im Kopf oder durch Psychopharmaka beliebig modeln konnte.

Dieses trostlose, buchstäblich von allen guten Geistern verlassene Vorstellungsgebäude war nun also die Welt des Erwachsenen geworden. Er war stolz auf seine erbarmungslose »Wahrheitsliebe« und vor allem war er stolz darauf, dem ganzen Schwindel der Schöpfung nun endlich auf die Schliche gekommen zu sein. Die pausenlos hergebetete Entzauberungsformel lautete: »Heute wissen wir, es handelt sich nur …« Mit diesem »nur« konnte man selbst die dümmsten und unwahrscheinlichsten Hypothesen zur wissenschaftlichen Tatsache erklären. Für uns Eingeborene wird diese blindwütige Entzauberungsversessenheit immer ein Rätsel bleiben.

Eduard Mörike

Ideale Wahrheit

Gestern entschlief ich im Wald, da sah ich im Traume das kleine
Mädchen, mit dem ich als Kind immer am liebsten verkehrt.

Und sie zeigte mir hoch im Gipfel der Eiche den Kuckuck,
Wie ihn die Kindheit denkt, prächtig gefiedert und groß.

»Drum! dies ist der wahrhaftige Kuckuck!« – rief ich – »Wer sagte
Mir doch neulich, er sei klein nur, unscheinbar und grau?«

Sigmund Freud

Die Macht der Wünsche

Wenn das Kind herangewachsen ist und aufgehört hat zu spielen, wenn es sich durch Jahrzehnte seelisch bemüht hat, die Wirklichkeiten des Lebens mit dem erforderlichen Ernste zu erfassen, so kann es eines Tages in eine seelische Disposition geraten, welche den Gegensatz zwischen Spiel und Wirklichkeit wieder aufhebt. Der Erwachsene kann sich darauf besinnen, mit welchem hohen Ernst er einst seine Kinderspiele betrieb, und indem er nun seine vorgeblich ernsten Beschäftigungen jenen Kinderspielen gleichstellt, wirft er die allzu schwere Bedrückung durch das Leben ab und erringt sich den hohen Lustgewinn des *Humors.*

Der Heranwachsende hört also auf zu spielen, er verzichtet scheinbar auf den Lustgewinn, den er aus dem Spiele bezog. Aber wer das Seelenleben des Menschen kennt, der weiß, daß ihm kaum etwas anderes so schwer wird wie der Verzicht auf einmal gekannte Lust. Eigentlich können wir auf nichts verzichten, wir vertauschen nur eines mit dem andern; was ein Verzicht zu sein scheint, ist in Wirklichkeit eine Ersatz- oder Surrogatbildung. So gibt auch der Heranwachsende, wenn er aufhört zu spielen, nichts anderes auf als die Anlehnung an reale Objekte; anstatt zu *spielen, phantasiert* er jetzt. Er baut sich Luftschlösser, schafft das, was man Tagträume nennt. Ich glaube, daß die meisten Menschen zu Zeiten ihres Lebens Phantasien bilden. Es ist das eine Tatsache, die man lange Zeit übersehen und deren Bedeutung man darum nicht genug gewürdigt hat.

Das Phantasieren der Menschen ist weniger leicht zu beobachten als das Spielen der Kinder. Das Kind spielt zwar auch allein oder es bildet mit anderen Kindern ein geschlossenes psychisches System zum Zwecke des Spieles, aber wenn es auch den Erwachsenen nichts vorspielt, so verbirgt es doch sein Spielen nicht vor ihnen. Der Erwachsene aber schämt sich seiner Phantasien und versteckt sie vor anderen, er hegt sie als seine eigensten Intimitäten, er würde in der Regel lieber seine Vergehungen eingestehen als seine Phantasien mitteilen. Es mag vorkommen, daß er sich darum für den einzigen hält, der solche Phantasien bildet, und von der allgemeinen Verbreitung ganz ähnlicher Schöpfungen bei anderen nichts ahnt. Dies verschiedene Verhalten des Spielenden und des Phantasierenden findet seine gute Begründung in den Motiven der beiden einander doch fortsetzenden Tätigkeiten.

Das Spielen des Kindes wurde von Wünschen dirigiert, eigentlich von dem einen Wunsche, der das Kind erziehen hilft, vom Wunsche: groß und erwachsen zu sein. Es spielt immer »groß sein«, imitiert im Spiele, was ihm vom Leben der Großen bekannt geworden ist. Es hat nun keinen Grund, diesen Wunsch zu verbergen.

Anders der Erwachsene; dieser weiß einerseits, daß man von ihm erwartet, nicht mehr zu spielen oder zu phantasieren, sondern in der wirklichen Welt zu handeln, und anderseits sind unter den seine Phantasien erzeugenden Wünschen manche, die es überhaupt zu verbergen nottut; darum schämt er sich seines Phantasierens als kindisch und als unerlaubt. [...]

Gehen wir daran, einige Charaktere des Phantasierens kennenzulernen. Man darf sagen, der Glückliche phantasiert nie, nur der Unbefriedigte. Unbefriedigte Wünsche sind die Triebkräfte der Phantasien, und jede einzelne Phantasie ist eine Wunscherfüllung, eine Korrektur der unbefriedigenden Wirklichkeit. [...]

Die Produkte dieser phantasierenden Tätigkeit, die einzelnen Phantasien, Luftschlösser oder Tagträume dürfen wir uns nicht als starr und unveränderlich vorstellen. Sie schmiegen sich vielmehr den wechselnden Lebenseindrücken an, verändern sich mit jeder Schwankung der Lebenslage, empfangen von jedem wirksamen neuen Eindrucke eine sogenannte »Zeitmarke«. Das Verhältnis der Phantasie zur Zeit ist überhaupt sehr bedeutsam. Man darf sagen: eine Phantasie schwebt gleichsam zwischen drei Zeiten, den drei Zeitmomenten unseres Vorstellens. Die seelische Arbeit knüpft an einen aktuellen Eindruck, einen Anlaß in der Gegenwart an, der imstande war, einen der großen Wünsche der Person zu wecken, greift von da aus auf die Erinnerung eines früheren, meist infantilen, Erlebnisses zurück, in dem jener Wunsch erfüllt war, und schafft nun eine auf die Zukunft bezogene Situation, welche sich als die Erfüllung jenes Wunsches darstellt, eben den Tagtraum oder die Phantasie, die nun die Spuren ihrer Herkunft vom Anlasse und von der Erinnerung an sich trägt. Also Vergangenes, Gegenwärtiges, Zukünftiges wie an der Schnur des durchlaufenden Wunsches aneinandergereiht.

Ernst Bloch

Geträumt wird Tag und Nacht

Nicht nur nachts, auch noch im Wachen wird geträumt. Beiden Arten Traum ist gemeinsam, daß sie von Wünschen bewegt sind und sie zu erfüllen suchen. Doch unterscheiden sie sich schon dadurch, daß im Tagtraum das Ich ständig erhalten ist. Als dasjenige, das sich bewußt Zustände, Bilder eines erwünschten, eines besser erscheinenden Lebens privat ausmalt, sich als künftig vorführt.

So legt der Tagtraum also auch inhaltlich keine Reise zurück, wie der Nachttraum, zurück in verdrängte Erlebnisse und ihre Einkleidungen. Er begibt sich vielmehr auf eine tunlichst ungehemmte Fahrt nach vorwärts, derart daß statt eines wieder rezent werdenden Nicht-Mehr-Bewußten Bilder eines Noch-Nicht in Leben und Welt heraufphantasiert werden können. Jedenfalls werden Fluchträume errichtet, auf Spaziergängen oder in ruhigen Pausen bezogen. Oft windige, weil da ja nicht mit viel Überlegung des Drum und Dran gebaut wird, oft ausschweifend kühne und schöne, weil die Baukosten bei Luftschlössern keine Rolle spielen. Aber auch das Ausmalen von Geschenken gehört hierher, in der

Kindheit, die Wunschlinie der Jugend, ein großer Mann zu werden, vor allem ihr Bild der künftigen Geliebten. Ja das blaue Tagträumen reicht vom gemeinen Auftrumpfen und Heimzahlen, von Spiegeleien und Goldstoff bis zu weltverbessernden Plänen, keineswegs mehr auf das werte Ich des Vorwegnehmenden allein bezogen. Gleichwohl bleibt leicht ein Schwärmen, das liebend gern die Mittel und die Lage überfliegt. Das uns dadurch freilich ebenso gespannt halten kann, nämlich voll Leben und dadurch auch möglichem Streben nach vorwärts.

Desmond Tutu

Traum von einer Welt

Der Gott, den ich anbete, ist ein seltsamer Gott, denn er ist allmächtig und schwach zugleich. Es gibt da ein merkwürdiges Paradox: Gott ist ein Gott der Gerechtigkeit, der möchte, dass diese in der Welt gilt, und doch hat er so viel Achtung vor unseren Freiheiten, dass er keine Blitze schicken wird, um sämtliche Despoten zu erschlagen. Gott erwartet seine Partner, das heißt uns. Er träumt von einer anderen Welt, in der Sie und ich füreinander da sind, denn wir gehören zur selben Familie.

Ich möchte im Namen Gottes einen Appell an Sie richten. Gott sagt: »Könnt ihr mir helfen, meinen Traum zu verwirklichen? Den Traum von einer Welt, wo man stärker auf das Wohl des anderen bedacht ist, wo es mehr Mitgefühl gibt, wo Menschen mehr zählen als Dinge, wo sie wichtiger sind als der Profit. Das ist mein Traum«, sagt Gott. »Wollt ihr mir helfen, ihn zu verwirklichen? Ich habe niemand anders, ich habe nur euch.«

Johann Wolfgang Goethe

Meine Göttin

Welcher Unsterblichen
Soll der höchste Preis sein?
Mit niemand streit ich,
Aber ich geb ihn
Der ewig beweglichen,
Immer neuen,
Seltsamen Tochter Jovis,
Seinem Schoßkinde,
Der Phantasie.

Denn ihr hat er
Alle Launen,
Die er sonst nur allein
Sich vorbehält,
Zugestanden
Und hat seine Freude
An der Törin.

Sie mag rosenbekränzt
Mit dem Lilienstengel
Blumentäler betreten,

Sommervögeln gebieten
Und leichtnährenden Tau
Mit Bienenlippen
Von Blüten saugen;

Oder sie mag
Mit fliegendem Haar
Und düsterm Blicke
Im Winde sausen
Um Felsenwände,
Und tausendfarbig,
Wie Morgen und Abend
Immer wechselnd,
Wie Mondesblicke,
Den Sterblichen scheinen.

Laßt uns alle
Den Vater preisen!
Den alten, hohen,
Der solch eine schöne,
Unverwelkliche Gattin
Dem sterblichen Menschen
Gesellen mögen!

Denn uns allein
Hat er sie verbunden
Mit Himmelsband,
Und ihr geboten,
In Freud und Elend
Als treue Gattin
Nicht zu entweichen.

Alle die andern
Armen Geschlechter
Der kinderreichen,
Lebendigen Erde
Wandeln und weiden
In dunkelm Genuß
Und trüben Schmerzen
Des augenblicklichen
Beschränkten Lebens,
Gebeugt vom Joche
Der Notdurft.

Uns aber hat er
Seine gewandteste,
Verzärtelte Tochter,
Freut euch! gegönnt.
Begegnet ihr lieblich,
Wie einer Geliebten!
Laßt ihr die Würde
Der Frauen im Haus!

Und daß die alte
Schwiegermutter Weisheit
Das zarte Seelchen
Ja nicht beleidge!

Doch kenn ich ihre Schwester,
Die ältere, gesetztere,
Meine stille Freundin:
O daß die erst
Mit dem Lichte des Lebens

Sich von mir wende,
Die edle Treiberin,
Trösterin Hoffnung!

6

BANGE MACHEN GILT NICHT

Zu lang schon waltest über dem Haupte mir,
Du in der dunklen Wolke, du Gott der Zeit!
Zu wild, zu bang ists ringsum, und es
Trümmert und wankt ja, wohin ich blicke.

Friedrich Hölderlin

Die Arbeit gegen die Lebensangst
und die Umtriebe der Furcht
ist die gegen ihre Urheber,
ihre großenteils sehr aufzeigbaren,
und sie sucht in der Welt selber,
was der Welt hilft; es ist findbar.

Ernst Bloch

Walter Benjamin

Engel im Sturm

Es gibt ein Bild von Klee, das Angelus Novus heißt. Ein Engel ist darauf dargestellt, der aussieht, als wäre er im Begriff, sich von etwas zu entfernen, worauf er starrt. Seine Augen sind aufgerissen, sein Mund steht offen und seine Flügel sind ausgespannt. Der Engel der Geschichte muß so aussehen. Er hat das Antlitz der Vergangenheit zugewendet. Wo eine Kette von Begebenheiten vor *uns* erscheint, da sieht *er* eine einzige Katastrophe, die unablässig Trümmer auf Trümmer häuft und sie ihm vor die Füße schleudert. Er möchte wohl verweilen, die Toten wecken und das Zerschlagene zusammenfügen. Aber ein Sturm weht vom Paradiese her, der sich in seinen Flügeln verfangen hat und so stark ist, daß der Engel sie nicht mehr schließen kann. Dieser Sturm treibt ihn unaufhaltsam in die Zukunft, der er den Rücken kehrt, während der Trümmerhaufen vor ihm zum Himmel wächst. Das, was wir den Fortschritt nennen, ist *dieser* Sturm.

Max Horkheimer

Die bürgerliche Gesellschaft

Die bürgerliche Gesellschaft beruht nicht auf bewußter Zusammenarbeit für Dasein und Glück ihrer Mitglieder. Ihr Lebensgesetz ist ein anderes. Jeder meint, für sich selbst zu arbeiten, muß auf seine eigene Erhaltung bedacht sein. Es gibt keinen Plan, der festlegt, wie das allgemeine Bedürfnis befriedigt werden soll. Indem jeder versucht, solche Dinge bereitzustellen, gegen die er sich andere, die er braucht, beschaffen kann, wird die Produktion gerade noch so reguliert, daß die Gesellschaft sich in der gegebenen Form entwickeln kann. Je mehr im Verlauf der Jahrhunderte eine bessere, rationellere Regelung technisch in den Bereich der Möglichkeit rückt, als desto gröber und umständlicher erweist sich dieses »feine« Instrument, der Markt, der nur unter schwersten Verlusten an Menschenleben und Gütern die Reproduktion der Gesellschaft vermittelt und mit dem Fortschreiten der kapitalistischen Wirtschaft die Menschheit trotz ihres wachsenden Reichtums nicht vor dem Rückfall in die Barbarei bewahren kann. Schon aus diesem Tatbestand, daß während der Epoche, die das Individuum emanzipiert, der Mensch in der grundlegenden wirtschaftlichen Sphäre sich selbst als isoliertes Subjekt von Interessen erfährt und nur durch Kauf und Verkauf mit anderen in Verbindung tritt, ergibt sich die Fremdheit als anthropologische Kategorie. Wenn die kennzeichnende Philosophie des Zeitalters den Menschen als in sich abgeschlossene Monade in transzendentaler Einsamkeit begreift, die mit jeder anderen Monade nur durch komplizierte, ihrem Willen entzogene Mechanismen in Verbindung steht, so erscheint hier die Existenzform des bürgerlichen Menschen in den Begriffen der Metaphysik. Jeder bildet selbst den Mittelpunkt der Welt, und jeder andere ist »draußen«. Jede Kommunikation ist ein Handel, eine Transaktion zwischen solipsistisch konstruierten Bereichen. Das bewußte Sein dieser Menschen läßt sich auf eine kleine Anzahl von Relationen zwischen festen Größen reduzieren. Die Sprache der Logistik ist sein angemessener Ausdruck.

Aus dieser Grundstruktur der Epoche leiten sich ohne weiteres Kälte und Fremdheit her: der Unterdrückung und Vernichtung des Mitmenschen steht im Wesen des bürgerlichen Individuums nichts entgegen. Der Umstand vielmehr, daß in dieser Welt jeder dem anderen zum Konkurrenten wird und selbst bei zunehmendem gesellschaftlichem Reichtum es der Menschen in steigendem Maß zu viele gibt, verleiht dem typischen Individuum der Epoche jenen Charakter der Kälte und Gleichgültigkeit, der sich angesichts der ungeheuerlichsten Taten, wenn sie nur seinem Interesse entsprechen, mit der erbärmlichsten Rationalisierung zufriedengibt.

Mark Twain

Unsere wunderbare Zivilisation

Unsere Zivilisation ist, in einem bestimmten spektakulären und sentimentalen Sinne verstanden, wunderbar. Wunderbar sind ihre Wunder der Technik und der Wissenschaften, wunderbar ihre materielle Übersteigerung, der man die Namen Fortschritt, Entwicklung und andere Kosenamen gibt; wunderbar ihre Aufspürung der tiefen Naturgeheimnisse und die Bewältigung ihrer fühllosen Gesetze; wunderbar ihre außerordentlichen Leistungen des Handels und der Finanz; wunderbar ihr Geldhunger und ihre Gleichgültigkeit darob, mit welchen Mitteln er gestillt wird; wunderbar ihre noch nie dagewesenen Riesenvermögen und die Freigebigkeit, mit der sie öffentliche Institutionen unterstützen; wunderbar ihre Entfaltung von Armut; wunderbar die Effekte, die sie aus ihrem neuen großen Phänomen, der *Organisation,* herausholt, diesem neuesten, leistungsfähigsten Wundertäter des kommerzialisierten Intellekts, der sich kundtut in Verkehrs- und Transportsystemen, in der Warenherstellung, im Nachrichtenwesen, im Buchdruck, im Journalismus, in der Beschützung der Arbeit, in der Unterdrückung der

Arbeit, in der Technik, Parteien zu bilden und die Schafsherden bei der Stange zu halten, die Behörden vor Begabungen und Charakteren zu verschließen, käufliche Gesetzgeber, Schwatzparlamente und Stadtregierungen zu schaffen, die eine Stadt ausplündern und Gaunern, Dieben, Huren und Zuhältern gegen Barzahlung munizipale Protektion gewähren. Es ist eine Zivilisation, die die Einfachheit und den Frieden des Lebens zerstört hat, die die Lebensfreude, die Beschaulichkeit, die Romantik und Harmonie durch Geldfieber, Verödung der Ideale, Vermassung und einen Schlaf, der nicht erfrischt, ersetzt hat. Sie hat Tausende unnötiger Bedürfnisse ins Leben gerufen und sie als Notwendigkeiten drapiert, hat tausend gemeine Begierden geschaffen, ohne sie zu befriedigen; sie hat Gott abgesetzt und betet dafür den Mammon an.

Albert Einstein

Eine gewaltige Anstrengung

Die Tragik des modernen Menschen liegt – allgemein gesehen – darin: er hat für sich selber Daseinsbedingungen geschaffen, denen er auf Grund seiner phylogenetischen Entwicklung nicht gewachsen ist. Furcht, Hass, Streitsucht und Habgier, die auf den primitiven Lebensstufen seiner Selbstbehauptung dienten, bedrohen seine Existenz unter den Bedingungen des Daseins, die er in den letzten paar Jahrtausenden mit stetig und rapid steigender Schnelligkeit selber herbeigeführt hat. Unter diesen veränderten Existenzbedingungen bedroht seine psychische Erbmasse ihn mit rascher Vernichtung.

Wenn man in den Zeitungen die Geschehnisse in der internationalen Politik verfolgt, so scheint es keine Rettung zu geben; der lebensfeindliche Teil der psychischen Erbmasse des Menschen erscheint dann übermächtig und unüberwindlich, das Verderben unter den heutigen technischen Bedingungen unaufhaltsam.

Beobachtet man aber das Verhalten der Menschen in einer engeren Gemeinschaft, zum Beispiel einer Stadt, so sieht man ein weniger düsteres Bild. Auch hier überwiegen die egoistischen Tendenzen beträchtlich die altruistischen, aber doch weit weniger als in der internationalen Politik. Tradition und Erziehung haben ihren mäßigenden Einfluss auf die Individuen ausgeübt; unmittelbare Gewalttat wird durch die Polizei so gut wie verhindert: ein einigermaßen erträgliches Verhältnis der Menschen zueinander ist erreicht. Institutionen bilden sich, deren lebensfördernde Wirkung allen zugute kommt. All dies wäre unmöglich, wenn die lebensfördernden sozialen Triebe unserer psychischen Erbmasse neben den rein egoistischen nicht in erheblichem Maße für das menschliche Handeln bestimmend wären.

Ähnlich ist es mit den einzelnen Staaten. Auch hier ist der Kampf der Individuen und Gruppen gegeneinander auf ein erträgliches Maß reduziert und ein Zustand der Organisation erreicht, der das Leben der Individuen einigermaßen sichert.

Nur in den Beziehungen der Staaten untereinander besteht fast völlige Anarchie. Konflikte werden, wenn sie für erheblich genug erachtet werden, durch nackte Gewalt, durch Kriege, entschieden, und das ungezügelte Streben nach Machterweiterung macht sich überall ungehindert geltend, wo sich die psychische Möglichkeit bietet.

Dieser Zustand der Anarchie auf dem internationalen Gebiete hat unvorstellbare Leiden und Vernichtung über die Menschen gebracht und die seelische und materielle Entwicklung der Menschen und ihrer Institutionen immer wieder verstümmelt (zum Teil für beschränkte Zeiten) und Gebiete einzelner Länder geradezu völlig vernichtet.

An dieser Anarchie hat die Entwicklung der Jahrtausende nichts Wesentliches zu ändern vermocht, nur dass durch den Einfluss des technischen Fortschrittes die staatlichen Gebilde volkreicher und ausgedehnter geworden sind.

Die Macht des Staates gegenüber seinen Bürgern ist in den letzten Jahrhunderten ständig gewachsen, auch in Ländern, wo diese Macht nicht in brutale Tyrannei ausgeartet ist. Seine Funktion, die Bürger vor den Übergriffen der Mitbürger auch auf wirtschaftlichem Gebiet zu schützen, ist durch die Zentralisierung der Produktion immer komplizierter und ausgedehnter geworden. Seine Funktion des Schutzes gegen Angriffe fremder Staaten erfordert einen ungeheuren, immer wachsenden militärischen Apparat, sowie eine erzieherische Beeinflussung der Bürger für den Kriegsfall, die sich insbesondere der plastischen Seele der Jugend hemmungslos bedient und auch durch Wirkung auf die Erwachsenen die Mentalität der Bürger beherrscht. Es ist dies auch in solchen Staaten der Fall, die nicht durch prinzipiell aggressive Tendenzen charakterisiert sind. Dadurch ist der Staat, beziehungsweise die Nation, zu dem modernen Götzen geworden, dessen suggestiver Kraft fast alle Menschen bedingungslos erliegen.

Nun brachte die technische Entwicklung der letzten Jahre eine völlig neue militärische Situation: Schaffung furchtbarer Angriffswaffen für Massenvernichtung, gegen welche es nach gegenwärtigem Wissen keinen Schutz gibt. Der Staat kommt in die Lage, sein Gebiet und seine Bürger nicht mehr wirksam verteidigen zu können. Den einzigen denkbaren wirksamen Schutz kann eine Weltorganisation bringen, welche allein über die wirksamen Angriffswaffen und deren Herstellung zu verfügen hat. Dies aber setzt das Bestehen einer Weltregierung voraus, welche auf gesetzlicher Basis jene Streitfragen entscheidet, die bisher zu Kriegen geführt haben. Das Wirkungsfeld der einzelnen Staaten würde dadurch in der Hauptsache eingeschränkt auf die Funktion der inneren Verwaltung, während sich die Beziehung zu anderen Staaten auf solche Gegenstände zu beschränken hat, die keine Bedrohung der internationalen Sicherheit mit sich bringen.

Das gegenwärtige Verhalten der Staaten spricht keineswegs dafür, dass die politischen Instanzen den gebieterischen Zwang begriffen haben, der in unserer Situation liegt. Den Menschen überall auf der Erde diese Situation deutlich zu machen, ist wohl die wichtigste soziale Funktion, welche den Intellektuellen je zugefallen ist. Werden sie stark genug sein, die Bindungen ihrer nationalen Erziehung so weit zu überwinden, dass ihre Botschaft die Völker rechtzeitig für eine so radikale Überwindung eingewurzelter nationaler Traditionen bereit zu machen vermag?

Eine gewaltige Anstrengung ist nötig. Scheitert sie, so wird die Weltregierung gar bald auf den Trümmern des größten Teiles der heutigen Menschheit erstehen. Möge es uns erspart bleiben, dass die Abschaffung der internationalen Anarchie durch eine solche selbstverschuldete Weltkatastrophe erkauft werden muss.

Chinesisches Märchen

Geht doch

Als der Krieg zwischen den beiden benachbarten Völkern unvermeidlich war, schickten die feindlichen Feldherrn Späher aus, um zu erkunden, wo man am leichtesten in das Nachbarland einfallen könnte. Die Kundschafter berichteten auf beiden Seiten dasselbe: es gebe nur eine Stelle an der Grenze, um in das andere Land zu gelangen. »Dort aber«, sagten sie, »wohnt ein braver kleiner Bauer in einem kleinen Haus mit seiner anmutigen Frau. Sie haben einander lieb, und es heißt, sie seien die glücklichsten Menschen auf der Welt. Sie haben ein Kind. Wenn wir nun über das kleine Grundstück in Feindesland einmarschieren, würden wir das Glück zerstören. Also kann es keinen Krieg geben.« Das sahen die Feldherrn ein, und der Krieg unterblieb, wie jeder Mensch begreifen wird.

Iring Fetscher

Macht macht phantasielos

Mit dem Ruf »L'imagination au pouvoir« zogen im Jahr 1968 Pariser Studenten durch die Straßen. Die Phantasie hat die Macht nicht ergriffen. Vermutlich, weil es den meisten an Phantasie fehlt, um so etwas sich auch nur vorzustellen. Vielleicht macht aber auch umgekehrt der Besitz von Macht phantasielos. Die Ohnmächtigen können sich erträumen, was alles sie täten, wenn sie nur Macht hätten. Die Machthaber tun alles, um ihre Macht zu erhalten. Und das ist natürlich kein besonders phantasievoller Zweck. In Wirklichkeit tun sie nicht nur alles, um ihre Macht zu erhalten, sondern auch alles, um die Verhältnisse zu erhalten, denen sie ihre Macht verdanken. Oder doch die Umstände, von denen sie – zu Recht oder Unrecht – annehmen, daß sie ihnen ihre Macht verdanken.

Manchmal kann man einfachen Einsichten einen neuen Aspekt abgewinnen, wenn man sie in eine andere Sprache übersetzt. *Karl Deutsch* hat als Definition von Macht in der Sprache der Systemtheorie vorgeschlagen: Macht bedeutet, »nicht lernen zu müssen«. Ein System ist um so mächtiger, je weniger es auf seine Umwelt

Rücksicht nehmen muß. Eine Großmacht kann sich z. B. ein verzerrtes (unrichtiges) Bild des Restes der Erde leisten, weil sie keine Rücksicht auf diese politische Umwelt zu nehmen braucht. Mir scheint aber, Macht dispensiert nicht nur – in einem gewissen Umfang – vom Postulat des Lernenmüssens, sondern schränkt auch ihrerseits Lernfähigkeit und Phantasie erheblich ein. Lassen Sie mich das an zwei Beispielen – einem aus den USA und einem aus Ungarn – illustrieren.

Vor einer Reihe von Jahren veröffentlichte die Rand-Corporation in Kalifornien eine Studie über die Welt im Jahre 2000 und 2100. Dieser Studie lag die Befragung von Hunderten erstklassiger Experten auf allen möglichen Gebieten der Naturwissenschaft, Technologie und Sozialwissenschaft zugrunde. Einige Annahmen muteten beim ersten Lesen wie die Resultate kühner Phantasien an. So hieß es etwa, daß man im 21. Jahrhundert Raumfahrzeuge haben werde, durch die das Schwerefeld der Erde verändert werde, und Instrumente, mit deren Hilfe man in den Köpfen der Führer einer feindlichen Macht »lesen« könne. Delphine wären zur U-Boot-Entdeckung und -Bekämpfung abgerichtet und vieles andere mehr, was die Verfasser von Science-Fiction-Romanen erfreut.

Dennoch erschien mir die Studie im ganzen nicht durch ein Übermaß, sondern durch einen erstaunlichen Mangel – oder richtiger gesagt: durch eine charakteristische Einschränkung – der Phantasie gekennzeichnet zu sein. Die Teilung der Welt z. B. in zwei feindliche Lager, von denen das eine durch die Sowjetunion, das andere durch die USA geführt wird, sowie die sozioökonomische Struktur der beiden konkurrierenden und konfligierenden Gesellschaftssysteme war als vollkommen unverändert unterstellt worden. Kein einziger – oder doch keine statistisch relevante Anzahl von Experten – hatte offenbar *diesen* Zustand als veränderlich angesehen. Das Zukunftsbild, das sich aus der Rand-Studie ergab, war das Resultat einer schlichten Extrapolation aus den vorhandenen Entwicklungstrends von Wissenschaft und Technik plus ein paar »wissenschaftlich-technische« Durchbrüche, die in der gleichen Richtung liegen. Um aber eine gerade Linie zu verlängern, braucht man nicht besonders viel Phantasie.

Die kritischen Erfahrungen, die einige ungarische Schüler von *Georg Lukács* mit der Planökonomie ihres Landes (und anderer Länder des »real existierenden Sozialismus«) gemacht haben, lassen uns ein zweites Beispiel ganz ähnlicher Phantasielosigkeit kennenlernen. Anstatt sich nämlich die Fragen zu stellen: Wie wollen die Menschen künftig leben? Wie wollen sie arbeiten? Welche konkreten Gebrauchsgegenstände wollen sie haben? Welche Dienstleistungen brauchen sie? Und wie muß folglich die Wirtschaft unseres Landes planmäßig entwickelt werden, damit diese Ziele möglichst rasch erreicht werden können? – anstelle all dieser Fragen, zu deren Beantwortung nicht nur eine umfassende Befragung, Aufklärung und Diskussion mit der Bevölkerung, sondern auch ein gewisses Maß von antizipierender Phantasie gehört hätte, begnügten sich die leitenden Planer mit der Fixierung bestimmter quantitativer Wachstumsraten und extrapolierten die beobachtbaren Entwicklungstrends der eigenen Wirtschaft, die man entsprechend in die Zukunft hinein verlängerte. Zusätzlich benutzten sie darüber hinaus Daten, die der Statistik bereits entwickelter (kapitalistischer) Industrieländer entnommen worden waren. Im großen und ganzen also das gleiche Verfahren, das auch die Experten der Rand-Studie benützt hatten.

Warum können westliche Experten und östliche Planer so wenig Phantasie entwickeln? Warum können sie sich eine *qualitativ entscheidend veränderte Zukunftsgesellschaft* nicht vorstellen? Ich vermute, vor allem weil beide so viel Macht haben oder sich so vollständig mit ihren Machthabern identifizieren, daß ihre Phantasie darunter notwendig leiden mußte. Macht und Phantasie, so sagte ich schon, gehen offenbar selten zusammen. Phantasielosigkeit ist aber kein ungefährlicher Mangel. Er wird dann gefährlich, wenn die phantasie- und gedankenlose Verlängerung »naturwüchsiger« (und nach dem Muster naturwüchsiger Entwicklung geplanter) Entwicklung zu katastrophalen Folgen führen muß, eine alternative Entwicklung aber – weil man sie sich einfach nicht vorzustellen vermag – für unmöglich gehalten und dementsprechend nicht gefördert wird.

Hannah Arendt

Wir funktionieren

Vergleicht man die moderne Welt mit den Welten, die wir aus der Vergangenheit kennen, so drängt sich vor allem der enorme Erfahrungsschwund auf, der dieser Entwicklung inhärent ist. Nicht nur, daß die anschauende Kontemplation keine Stelle mehr hat in der Weite spezifisch menschlicher und sinnvoller Erfahrungen, auch das Denken, sofern es im Schlußfolgern besteht, ist zu einer Gehirnfunktion degradiert, welche die elektronischen Rechenmaschinen erheblich besser, schneller und reibungsloser vollziehen als das menschliche Gehirn. Das Handeln wiederum, das erst mit dem Herstellen gleichgesetzt wird, sinkt schließlich auf das Niveau des Arbeitens ab, weil auch das Herstellen, wegen der ihm inhärenten Weltlichkeit und Gleichgültigkeit gegen die Belange des Lebens, nur als eine Form der Arbeit geduldet werden kann, als eine vielleicht kompliziertere, aber grundsätzlich von anderen Funktionen nicht geschiedene Funktion des Lebensprozesses im Ganzen.

Aber selbst diese einzig auf die Arbeit abgestellte Welt ist bereits im Begriff, einer anderen Platz zu machen. Es ist uns gelungen, die dem Lebensprozeß innewohnende Mühe und Plage soweit auszuschalten, daß man den Moment voraussehen kann, an dem auch die Arbeit und die ihr erreichbare Lebenserfahrung aus dem menschlichen Erfahrungsbereich ausgeschaltet sein wird. Dies zeichnet sich deutlich in den fortgeschrittensten Ländern der Erde bereits ab, in denen das Wort Arbeit für das, was man tut oder zu tun glaubt, gleichsam zu hoch gegriffen ist. In ihrem letzten Stadium verwandelt sich die Arbeitsgesellschaft in eine Gesellschaft von Jobholders, und diese verlangt von denen, die ihr zugehören, kaum mehr als ein automatisches Funktionieren, als sei das Leben des Einzelnen bereits völlig untergetaucht in den Strom des Lebensprozesses, der die Gattung beherrscht, und als bestehe die einzige aktive, individuelle Entscheidung nur noch darin, sich selbst gleichsam loszulassen, seine Individualität aufzugeben, bzw. die Empfindungen zu betäuben, welche noch die Mühe und Not des Lebens registrieren, um dann völlig »beruhigt« desto besser und reibungsloser »funktionieren« zu können. Das Beunruhigende an den modernen Theorien des Behaviorismus ist nicht, daß sie nicht stimmen, sondern daß sie im Gegenteil sich als nur zu richtig erweisen könnten, daß sie vielleicht nur in theoretisch verabsolutierender Form beschreiben, was in der modernen Gesellschaft wirklich vorgeht. Es ist durchaus denkbar, daß die Neuzeit, die mit einer so unerhörten und unerhört vielversprechenden Aktivierung aller menschlichen Vermögen und Tätigkeiten begonnen hat, schließlich in der tödlichsten, sterilsten Passivität enden wird, die die Geschichte je gekannt hat.

Richard David Precht

Die 2010er Jahre

Aus der Zukunft betrachtet waren die 2010er Jahre eine merkwürdige Zeit. Man fühlte sich mitgerissen oder überwältigt von der Wucht der digitalen Revolution. Ohne Kompass und mit verlorener Orientierung glaubte man den digitalen Supermächten aufs Wort, wenn sie eine ganz bestimmte Zukunft verhießen und der Welt erklärten, welchen Lauf die Geschichte unweigerlich nehmen würde. Alles schien programmiert zu sein, und außer mitzumachen, so glaubte man, bliebe den Staaten der westlichen Welt bei Strafe ihres wirtschaftlichen Niedergangs nichts anderes übrig. Man glaubte auch, dass es »das Internet« gäbe, einen virtuellen Raum mit komplett anderen Gesetzen als den irdischen und den staatlichen. Man hielt es für wahr, dass Gesetze der irdischen Welt hier nicht gälten. Und man glaubte am Ende sogar, dass es *den* Fortschritt gäbe und nicht viele mögliche; etwa so, wie Menschen in den Siebzigern geglaubt hatten, die Kernenergie wäre *der* Fortschritt und *die* Zukunft und nicht eine Option unter anderen und besseren.

All dieser Glaube war in den 2010er Jahren weit verbreitet. Und wer daran zweifelte, der galt als rückständig, als antiquiert, als weltfremd und Feind der Technik und des Fortschritts; nicht anders eben als in der Atomkraft-Diskussion der Siebzigerjahre. Wer mehrheitsfähig bleiben wollte, der tat noch 2018 gut daran, nicht allzu weit von diesem Glauben abzurücken, um nicht als Spinner dazustehen. Allenfalls konnte er zur Mäßigung aufrufen, den Wert der Bildung und der Urteilskraft betonen und mehr Transparenz der Digitalkonzerne fordern. Dass *die* Digitalwirtschaft nicht existiert, dass beileibe nicht jedes digitale Geschäftsmodell volkswohlstandsmehrend ist und dass das, was das Internet ist, eine Machtfrage ist und keine Gegebenheit – all das konnte damals nur selten differenziert dargestellt werden.

Wie wiederholt sich doch die Geschichte! Man denke nur an die erste industrielle Revolution! Die gleiche Wirrnis, die gleiche Überforderung, der gleiche Glaube an eine wirtschaftliche Logik, die sich später als großer Irrtum herausstellte: Man darf den Arbeiter nicht als vollwertigen Menschen achten, sondern man muss ihn ohne Rücksicht auf Verluste so schlecht wie möglich bezahlen! Denn nur, wer am billigsten produziert – das heißt die geringsten Löhne zahlt –, kann im Wettbewerb der Volkswirtschaften bestehen. Heute wissen wir, dass der allgemeine Volkswohlstand erst in dem Moment begann, als Gewerkschaften und Arbeiterbewegung die Regierungen zwangen, sie besser zu bezahlen. Der Staat sah sich zu Sozialgesetzen genötigt, die er vorher für überflüssig und wirtschaftsschädlich gehalten hatte. Die Binnenmärkte blühten auf, die Demokratie setzte sich durch, die Bildung stieg und vieles Gute mehr.

Und im Jahr 2018? Heute erzählen uns die digitalen Großmächte und ihre kleineren Nachahmer, dass wir den User nicht als vollwertigen Menschen mit Persönlichkeitsrechten und Privatsphäre achten dürfen, um das »Rohöl« seiner Daten zu Gold zu machen. Das Geschäftsmodell erscheint als *alternativlos* und *unausweichlich,* denn so ist halt die Zukunft. Eine neue Zeit – neue Geschäfte und Gesetze! Und der altmodische deutsche Datenschutz muss sich anpassen. Der Missbrauch persönlicher Daten, in der Realwelt ein Politikum, soll in der Digitalwelt keiner sein. Vielleicht sei unsere gesamte Vorstellung des positiven Rechts in der digitalen Zeit von gestern. Also lasst uns akzeptieren, was unvermeidlich ist.

Aus der Perspektive der Utopie werden wir die 2010er Jahre rückblickend als eine Zeit ansehen, in der erschreckend viele Menschen das Vertrauen in sich, in den Staat und in die Rechtsprechung verloren hatten; eine Zeit, in der Innovation und Effizienz zu Götzen wurden; eine Zeit, die Geschäftsmodelle legitimierte, die später mühsam rechtlich bekämpft werden mussten. Und eine Zeit, in der Topmanager Entwicklungen befeuerten, die ihrem privaten Menschenbild eigentlich widersprachen: Ihre Kunden hielten sie für ungeduldige und faule User ohne ernstzunehmende Rechte an ihren Daten; ihre eigenen Kinder schickten sie auf die besten Schulen, damit sie nicht faul und ungeduldig würden, und achteten sie als Menschen mit Privatsphäre.

Was für eine schizophrene Zeit!

Curt Seibert

Wenn jemand geboren wird

Wenn jemand geboren wird, dann hat er immer nur zwei Möglichkeiten. Entweder er kommt als Mädchen auf die Welt oder als Knabe. Wird er ein Mädchen, dann ist das natürlich günstig. Wird er ein Knabe, dann ist das ungünstig, denn dann hat er wieder nur zwei Möglichkeiten. Er wird nämlich entweder Soldat, oder er wird kein Soldat. Wird er Soldat, dann ist das günstig. Wird er kein Soldat, dann ist das ungünstig, denn dann hat er wieder nur zwei Möglichkeiten.

Entweder stirbt er eines natürlichen oder eines unnatürlichen Todes. Stirbt er eines natürlichen Todes, dann ist das günstig. Stirbt er aber eines unatürlichen Todes, dann ist das ungünstig, denn da hat er dann wieder nur zwei Möglichkeiten.

Seine Leiche wird entweder gefunden, oder sie wird nicht gefunden. Wird sie nicht gefunden, dann ist das günstig. Wird sie aber gefunden, dann ist das natürlich sehr ungünstig, denn dann hat er wieder nur zwei Möglichkeiten.

Entweder wird er verbrannt, oder er wird begraben. Wird er verbrannt, dann ist das günstig, wird er aber beerdigt, dann ist das ungünstig, denn dann hat er nur noch zwei Möglichkeiten.

Man pflanzt entweder einen Baum auf sein Grab, oder man pflanzt keinen Baum auf sein Grab. Pflanzt man keinen Baum, dann ist das sehr günstig, pflanzt man statt dessen einen Baum, dann ist das ungünstig, denn da hat er dann wieder nur zwei Möglichkeiten.

Der Baum wird nach vielen Jahren abgesägt, oder er bleibt stehen. Bleibt er stehen, dann ist das günstig. Wird er abgesägt, dann ist das sehr ungünstig. Denn nun hat er nur noch zwei Möglichkeiten.

Entweder werden aus dem Holz Bretter geschnitten, oder es wandert in eine Papiermühle. Werden Bretter aus dem Baum geschnitten, dann ist das günstig. Wird aber Papier daraus gemacht, dann ist das sehr ungünstig, denn nun hat er nur noch zwei Möglichkeiten.

Aus dem Holz des Baumes wird entweder Zeitungspapier gemacht oder Toilettenpapier. Wird Zeitungspapier daraus gemacht, dann ist das günstig, wird aber Toilettenpapier daraus gemacht, dann ist das maßlos ungünstig, denn nun ist nur noch eine einzige Möglichkeit übriggeblieben.

Ernst Bloch

Happy-End

Man weiß zu gut, die Menschen wollen betrogen werden. Doch dieses nicht nur, weil die Dummen in der Mehrzahl sind. Sondern weil die Menschen, zur Freude geboren, keine haben, weil sie schreien nach Freude. Das erst macht auch die klügeren zeitweise einsinnig, einfältig, sie fallen auf Glanz herein, und es ist nicht einmal nötig, daß der Glanz Gold verspricht, hier kann bereits genügen, daß er glänzt. Schaden macht klug, doch binnen kurzem arbeitet die Sucht wieder und hofft, daß man sie diesmal nicht betrügt. Sie hält sich für den Ernstfall frisch und will ihn nicht versäumen; unterdessen aber wachsen immer neue, ungebrannte Kinder heran, immer neue Betrüger haken in eine Schwäche ein, die ebenso eine Stärke sein könnte.

Denn immerhin hat sie eine Schwäche fürs Glück, fürs Lachen zuletzt und ist nicht der verprügelten Meinung, selten käme etwas Besseres nach. Die Benutzung der Schwäche braucht nicht durch Schwindler zu geschehen, kleinen wie großen Stils. Schönfärben wird überall gesucht, schlechte Bücher sind voll davon. Aber bezeichnenderweise mehrt sich der Zucker gegen das

Ende, er steigt sozusagen an oder auf. Das Leben ist bedenklich, doch per saldo soll es sich rentieren. Auch der sonst Gewitzigte wird derart vom Ende gut, alles gut beeindruckt.

Viel steht dafür, den Schein am Ende schlechthin zu verurteilen. Im Anblick des Unheils, das er angerichtet hat, heute, in steigender Weise, anrichtet. Wo die Arbeit gar keine Freude mehr macht, muß die Kunst dazu herhalten, Spaß zu sein, fröhlicher Schwindel, aufgesetztes happy-end. Das hält die Hörer bei der Stange; am Ende der faschistischen Volksgemeinschaft oder des American way of life wird jeder etwas kriegen, und zwar ohne daß das Geringste an der vorliegenden Wirklichkeit geändert werden müßte. Die Besucher der Kinos und die Leser der Magazingeschichten erblicken rosenrote Aufstiege, als wären sie in der gegenwärtigen Gesellschaft die Regel, und nur der Zufall hätte sie für den zufälligen Beschauer verhindert. Ja, das happy-end wird kapitalistisch desto unumgänglicher, je geringer die Aufstiegschancen in der heutigen bestehenden Gesellschaft geworden sind, je weniger Hoffnung diese bieten kann.

Dazu kommt die »moralische« Dosierung des guten Ausgangs; denn nicht jeder wird reich und glücklich, so viel Zucker ist selbst in der Magazinwelt nicht da. Sondern nur dem Tugendhaften wird ein Bankkonto, dem Bösen, und nur ihm, ist das Elend vorbehalten; derart findet eine der frechsten Umkehrungen des wirklichen Zustands statt. Das Hotel zum Reichen Mann ist allerorten von Guten bewohnt; das viele Schlechte aber, Hunger, Slums, Gefängnisse, das die herrschende Gesellschaft nicht abschaffen und nicht einmal wegleugnen kann, wird zweckgemäß auf die sittlich Schlechten verteilt. Es sind die alten Sonntagspredigten der gerissenen Erbaulichkeit, nun gänzlich zur Heuchelei geworden, zur Schminkindustrie dazu. »Wenn das Geld«, sagt Marx, »mit natürlichen Blutflecken auf einer Backe zur Welt kommt, so das Kapital von Kopf bis Zeh, aus allen Poren blut- und schmutztriefend«; also braucht es, je länger, je mehr, Maske für den Ausgang, Glück der Bravheit am Ausgang. Das happy-end ist aber nicht nur verlogen, es ist auch flach geworden wie noch zu keiner Zeit, es beschränkt sich auf das Lächeln der Auto- und Parfümreklame. Gepflegte Herren und Damen zeigen das High-Life einer untergehenden Gesellschaft, ohne daß sich in dieses Ende Süßigkeit des Lebens zusammendrängte wie im Rokoko. Das Glück des bürgerlichen Reichtums ist selber so plump wie leer geworden, sein happiness grenzt in Wahrheit mehr ans Nichts als selbst die Toten.

Trotzdem betrügt dies vorgelogene, vorgeschriebene happy-end Millionen, denen es die Jenseits-Vertröstung der Kirche ersetzt, und nur um des Betrugs willen ist es vorgeschrieben. Mit immer neu erwärmter Einbildung soll der arme Teufel, der in goldenen Träumen sich heraufspielt, des Glaubens bleiben, diese Träume seien im Kapitalismus, mindestens in Kapitalismus plus Geduld und etwas Wartezeit sicher erfüllbar. Doch für den kleinen Mann gibt es keinen Börsengewinn des Lebens, jedes Rosenrot endet für ihn als schwarzer Freitag. Es gibt sehr geschicktes kapitalistisches Feuerwerk, nicht nur in optischer Beziehung, dem gegenüber die sozialistische Welt kaum mitkommt. Aber nach all den Blitzschlangen und Sternkästen, venezianischen Prachtbomben und der Königin der Nacht folgt die gewaltige Kanonenschlagbombe, und das ist der Clou wie der Abschluß der Sache. Was immer der Kapitalismus mit happy-end aufzieht, Geschäft wie nie, Großdeutschland, America first, selbst keep smiling, führt in den Tod. Auf platteste Weise wird das Schöne in der Welt der übertünchten Gräber zu des Schrecklichen Anfang.

Und trotzdem ist das nur die eine Seite des Scheins, die selber falsche. Ein unüberhörbarer Trieb arbeitet in der Richtung des guten Endes, er ist nicht nur auf die Leichtgläubigkeit beschränkt. Daß Betrüger sich diesen Trieb zunutze machen, widerlegt ihn au fond fast so wenig, wie der »Sozialist« Hitler den Sozialismus widerlegte. Die Betrügbarkeit des happy-end-Triebs besagt nur etwas gegen den Stand seiner Vernunft; dieser aber ist so belehrbar wie verbesserbar. Der Betrug stellt das gute Ende dar, als sei es in einem unveränderten Heute der Gesellschaft erreichbar oder gar schon das Heute selbst.

Doch indem Erkenntnis den faulen Optimismus zuschanden macht, macht sie nicht auch die dringende Hoffnung aufs gute Ende zuschanden. Denn diese Hoffnung ist zu schwer zerstörbar im menschlichen Glückstrieb begründet, und zu deutlich war sie allemal ein Motor der Geschichte. Sie war es als Erwartung und Aufreizung eines positiv sichtbaren Ziels, um das zu kämpfen wichtig ist und das in die öde fortlaufende Zeit ein Vorwärts schickt. Mehr als einmal hat die Fiktion eines happy-end, wenn sie den Willen ergriff, wenn der Wille sowohl durch Schaden wie eben durch Hoffnung klug geworden war, und wenn die Wirklichkeit in keinem zu harten Widerspruch dagegen stand, ein Stück Welt umgebildet; das heißt: eine anfängliche Fiktion wurde wirklich gemacht. Zuweilen gelang sogar, bei kräftigem Glauben, ein Paradox: der Sieg des Dringlichen über den mächtigen Feind, des Heiteren über das übel Wahrscheinliche. Fehlt der Willensinhalt des Ziels, dann bleibt selbst das gut Wahrscheinliche ungetan; bleibt aber das Ziel, dann kann selbst das Unwahrscheinliche getan werden oder mindestens, für später, wahrscheinlicher gemacht. Nicht einmal das Zerreißen der Kette an ihrem schwächsten Glied gelang und gelingt, wenn den Zerreißenden nicht das Positivum: Anti-Kette gänzlich im Gemüt steht. Die Menschen verkleinern sich, wenn ihr Zweck verkleinert wird, dagegen als großer und heiterer macht er sich in einer Welt unvermeidlich, die nur noch die Wahl zwischen Sumpf oder energischem Neubau vor sich hat.

7

UTOPIA IST ÜBERALL

Daß aus Zuständen neue Gedanken,
aus den Gedanken neue Zustände werden,
ist die Arbeit des Menschen.

Johann Gustav Droysen

Kühnes Denken ist besonders kostbar,
wenn es auch die Grenzen kennt, die es erweitert.
Und doch gibt es Fälle, wo nicht nur über die Schranken,
sondern sogar übers Ziel hinausgeschossen werden muss,
um es zu treffen.

Ernst Bloch

Moses

Das gelobte Land

Denn der HERR, dein Gott, führt dich in ein gutes Land, ein Land, darin Bäche und Brunnen und Seen sind, die an den Bergen und in den Auen fließen;

ein Land, darin Weizen, Gerste, Weinstöcke, Feigenbäume und Granatäpfel sind; ein Land, darin Ölbäume und Honig wachsen;

ein Land, da du Brot genug zu essen hast, da dir nichts mangelt; ein Land, des Steine Eisen sind, da du Erz aus den Bergen hauest.

Und wenn du gegessen hast und satt bist, sollst du den HERRN, deinen Gott, loben für das gute Land, das er dir gegeben hat.

Rainer Maria Rilke

Gottes Gebrauchsanleitung

Wenn ich sage: Gott, so ist das eine große, nie erlernte Überzeugung in mir. Die ganze Kreatur, kommt mir vor, sagt dieses Wort, ohne Überlegung, wenn auch oft aus tiefer Nachdenklichkeit. Wenn dieser Christus uns dazu geholfen hat, es mit hellerer Stimme, voller, gültiger zu sagen, um so besser, aber laßt ihn doch endlich aus dem Spiel. Zwingt uns nicht immer zu dem Rückfall in die Mühe und Trübsal, die es ihn gekostet hat, uns, wie ihr sagt, zu »erlösen«. Laßt uns endlich dieses Erlöstsein antreten. – Da wäre ja sonst das Alte Testament noch besser dran, das voller Zeigefinger ist auf Gott zu, wo man es aufschlägt, und immer fällt einer dort, wenn er schwer wird, so grade hinein in Gottes Mitte. Und einmal habe ich den Koran zu lesen versucht, ich bin nicht weit gekommen, aber so viel verstand ich, da ist wieder so ein mächtiger Zeigefinger, und Gott steht am Ende seiner Richtung, in seinem ewigen Aufgang begriffen, in einem Osten, der nie alle wird.

Christus hat sicher dasselbe gewollt. Zeigen. Aber die Menschen hier sind wie die Hunde gewesen, die keinen

Zeigefinger verstehen und meinen, sie sollten nach der Hand schnappen. [...] Sie haben aus dem Christlichen ein métier gemacht, eine bürgerliche Beschäftigung, sur place, einen abwechselnd abgelassenen und wieder angefüllten Teich. Alles, was sie selber tun, ihrer ununterdrückbaren Natur nach (soweit sie noch Lebendige sind), steht im Widerspruch mit dieser merkwürdigen Anlage, und so trüben sie ihr eigenes Gewässer und müssen es immer wieder erneun. Sie lassen sich nicht vor Eifer, das Hiesige, zu dem wir doch Lust und Vertrauen haben sollten, schlecht und wertlos zu machen, – und so liefern sie die Erde immer mehr denjenigen aus, die sich bereit finden, aus ihr, der verfehlten und verdächtigten, die doch zu Besserm nicht tauge, wenigstens einen zeitlichen, rasch ersprießlichen Vorteil zu ziehn.

Diese zunehmende Ausbeutung des Lebens, ist sie nicht eine Folge, der durch die Jahrhunderte fortgesetzten Entwertung des Hiesigen? Welcher Wahnsinn, uns nach einem Jenseits abzulenken, wo wir hier von Aufgaben und Erwartungen und Zukünften umstellt sind. Welcher Betrug, Bilder hiesigen Entzückens zu entwenden, um sie hinter unserm Rücken an den Himmel zu verkaufen!

O es wäre längst Zeit, daß die verarmte Erde alle jene Anleihen wieder einzöge, die man bei ihrer Seligkeit gemacht hat, um Überkünftiges damit auszustatten. Wird der Tod wirklich durchsichtiger durch diese hinter ihn verschleppten Lichtquellen? Und wird nicht alles hier Fortgenommene, da nun doch kein Leeres sich halten kann, durch einen Betrug ersetzt, – sind die Städte deshalb von so viel häßlichem Kunstlicht und Lärm erfüllt, weil man den echten Glanz und den Gesang an ein später zu beziehendes Jerusalem ausgeliefert hat? Christus mochte recht haben, wenn er, in einer von abgestandenen und entlaubten Göttern erfüllten Zeit, schlecht vom Irdischen sprach, obwohl es (ich kann es nicht anders denken) auf eine Kränkung Gottes hinauskommt, in dem uns hier Gewährten und Zugestandenen nicht ein, wenn wir es nur genau gebrauchen, vollkommen, bis an den Rand unserer Sinne uns Beglückendes zu sehen!

Der rechte Gebrauch, das ists. Das Hiesige recht in die Hand nehmen, herzlich liebevoll, erstaunend, als unser, vorläufig, Einziges: das ist zugleich, es gewöhnlich zu sagen, die große Gebrauchsanweisung Gottes, *die* meinte der heilige Franz von Assisi aufzuschreiben in seinem Lied an die Sonne, die ihm im Sterben herrlicher war als das Kreuz, das ja nur dazu da stand, in die Sonne zu *weisen.*

Charles Baudelaire

Aufforderung zur Reise

Es gibt ein herrliches Land, ein Schlaraffenland sagt man, das mit einer alten Freundin zu besuchen ich träume. Merkwürdiges Land, getaucht in die Nebel unseres Nordens, und das man den Orient des Okzidents, das China Europas nennen könnte: so sehr hat die kapriziöse Phantasie ihre Zügel dort schießen lassen, so sehr hat sie es geduldig und hartnäckig mit ihrer weisen und zarten Vegetation ausgezeichnet.

Ein wahres Schlaraffenland, wo alles schön, reich, ruhig und ehrlich ist; wo es dem Luxus gefällt, sich in der Ordnung zu spiegeln, wo das Leben fett und süß einzuatmen ist; aus dem die Unordnung und der Taumel und das Unvorhergesehene verbannt sind; wo das Glück dem Schweigen vermählt ist; wo die Küche selbst voller Poesie ist, fett und erregend zugleich, wo alles Dir, lieber Engel, gleicht.

Du kennst diese Fieberkrankheit, die uns im kalten Elend ergreift, dieses Heimweh nach einem Land, das man nicht kennt, und die qualvolle Sehnsucht nach Neuem! Es gibt eine Gegend, die Dir gleicht, wo alles schön, reich, ruhig und ehrlich ist; wo die Phantasie ein westliches China erbaut und geschmückt hat; wo das Leben süß zu atmen ist; wo das Glück dem Schweigen vermählt ist. Dorthin muss man leben gehen, dorthin muss man sterben gehen!

Ja, dort muss man atmen, träumen und die Stunden durch die Unendlichkeit der Gefühle verlängern. Ein Musiker hat die Aufforderung zum Tanz geschrieben, wer wird die Aufforderung zur Reise komponieren, die man der geliebten Frau, der Schwester seiner Wahl schenken kann? Auf leuchtenden Panneaux oder auf vergoldeten Ledertapeten von düsterer Pracht leben verschwiegen die glücklichen, ruhigen und tiefen Gemälde, wie die Seelen der Künstler, die sie schufen. Die Sonnenuntergänge, die so reich das Esszimmer oder den Salon einfärben, sind durch schöne Stoffe oder durch die hohen Zierfenster gedämpft, die das Blei in vielfache Fächer teilt. Die Möbel sind weit, merkwürdig, bizarr mit Schlössern und Geheimnissen wie raffinierte Seelen bewehrt. Die Spiegel, die Metalle, die Stoffe, die Goldschmiede-Arbeiten und die Fayencen spielen dort den Augen eine stumme und geheimnisvolle Symphonie; und allen Gegenständen, allen Ecken, den Spalten der Schubfächer, den Falten der Stoffe entschwebt ein geheimnisvolles Parfüm, ein revenez-y von Sumatra, das wie die Seele der Wohnung ist.

Ein wahres Schlaraffenland sage ich Dir, wo alles licht, sauber und glänzend ist, wie ein gutes Gewissen, wie herrliches Küchengerät, wie eine blendende Goldarbeit, wie ein buntes Geschmeide. Die Schätze der Welt fließen dort wie in dem Hause eines fleißigen und um die ganze Welt verdienten Mannes zusammen. Merkwürdiges Land, den anderen überlegen, wie die Kunst der Natur überlegen ist, wo diese durch den Traum erneut, durch sie verbessert, verschönt und eingeschmolzen ist.

Mögen sie suchen, immer suchen, mögen sie ohn' Unterlass die Grenze ihres Glücks in die Ferne schieben, diese Alchimisten der Gartenkunst! Mögen sie Preise von sechzig bis hunderttausend Florins für den aussetzen, der ihre ehrgeizigen Probleme löst! Ich habe meine schwarze Tulpe und meine blaue Dahlie gefunden.

Unvergleichliche Blume, wiederentdeckte Tulpe, allegorische Dahlie! Dort, nicht wahr, in diesem schönen, so ruhigen und träumerischen Land möchte man leben und blühen. Würde Dich dort nicht das Verwandte umrahmen und könntest Du nicht, um wie die Mystiker zu sprechen, in Deinem Selbst Dich spiegeln.

Träume! Immer Träume! Und je ehrgeiziger und empfindsamer die Seele ist, desto weiter entfernen die Träume sich vom Möglichen. Jeder Mensch trägt seine natürliche Dosis Opium in sich, die dauernd abgesondert und erneut wird; und wieviel Stunden zählen wir von der Geburt bis zum Tode, die voll sind von wirklicher Freude, von gelungener und entschlossener Tat? Werden wir jemals in diesem Gebilde leben, werden wir jemals in dieses Gebilde reisen, das mein Geist gezeichnet hat, dieses Gebilde, das Dir gleicht?

Diese Schätze, diese Möbel, dieser Luxus, diese Ordnung, diese Parfüms, diese wunderbaren Blumen sind: Du. Noch immer Du: diese großen Ströme und diese stillen Kanäle. Diese ungeheueren Schiffe, die beladen mit Reichtümern in See stechen und von denen die monotonen Gesänge der Segelmanöver aufsteigen, sind meine Gedanken, die auf Deiner Brust schlafen oder wogen. Sanft leitest Du in das Meer, das die Unendlichkeit ist, und ersinnst dabei in der Klarheit Deiner schönen Seele die Tiefe des Himmels; – und wenn sie müde vom Wogengang und beladen mit den Produkten des Orients im Heimathafen einlaufen, sind es noch immer meine Gedanken, die bereichert aus der Unendlichkeit zu Dir zurückkehren.

Claude-Henri de Saint-Simon

Die Zukunft der Menschheit

Die Einbildungskraft der Dichter hat das goldene Zeitalter an die Wiege des Menschengeschlechtes, in die Epoche der Unwissenheit und Roheit der Urzeiten gesetzt ... Man hätte viel eher das eiserne Zeitalter dorthin verweisen müssen. Das goldene Zeitalter des Menschengeschlechts liegt nicht hinter uns, es steht noch vor uns, es liegt in der Vervollkommnung der Gesellschaftsordnung. Unsere Väter haben es nicht erblickt, unsere Kinder werden eines Tages dorthin gelangen: uns obliegt es, ihnen den Weg dahin zu bahnen.

Thomas Morus

Sechs Stunden Arbeit

Die wichtigste und fast einzige Aufgabe der Syphogranten ist, dafür zu sorgen und darüber zu wachen, daß keiner müßig herumsitzt, sondern jeder fleißig sein Gewerbe betreibt, ohne sich jedoch vom frühen Morgen bis tief in die Nacht hinein ununterbrochen wie ein Lasttier abzumühen. Denn das wäre schlimmer als sklavische Plackerei!

Und doch ist dies fast überall das Los der Handwerker, außer bei den Utopiern, die, während sie den Tag mit Einschluß der Nacht in vierundzwanzig Stunden einteilen, doch nur sechs Stunden für die Arbeit bestimmen: drei vor Mittag, nach denen sie zum Essen gehen; nach der Mahlzeit ruhen sie zwei Nachmittagsstunden, widmen dann wiederum drei Stunden der Arbeit und beschließen das Tagewerk mit dem Abendessen. Da sie die erste Stunde vom Mittag ab zählen, gehen sie um die achte schlafen. Der Schlaf beansprucht acht Stunden.

Die Stunden zwischen Arbeit, Schlaf und Essen sind jedem zur eigenen Verfügung überlassen, jedoch nicht, um sie mit Ausschweifungen und Faulenzerei zu vergeuden, sondern um die Freizeit, die ihm sein Handwerk läßt, nach eigenem Gutdünken zu irgendeiner nützlichen Beschäftigung zu verwenden. Die meisten benützen diese Unterbrechungen zu geistiger Weiterbildung. Es ist nämlich üblich, täglich in den frühen Morgenstunden öffentliche Vorlesungen zu halten, die anzuhören eigentlich nur die verpflichtet sind, die ausdrücklich für das wissenschaftliche Studium ausersehen wurden; indessen strömt aus jedem Stande eine sehr große Menge von Männern wie auch von Frauen herbei, um, ihrem jeweiligen Interesse entsprechend, diese oder jene Vorlesung zu hören. Falls aber einer auch diese Zeit lieber seinem Handwerke widmen will, wie es für viele empfehlenswert ist, deren Geist sich nicht zu den Höhen der Wissenschaft zu erheben vermag, so hindert ihn nichts daran, ja er wird sogar gelobt, weil er dem Staate nützt.

Nach dem Abendessen verbringen sie dann eine Stunde mit Spielen, im Sommer in den Gärten, im Winter in jenen öffentlichen Hallen, in denen sie essen. Dort treiben sie Musik oder erholen sich bei Gesprächen. [...]

An dieser Stelle müssen wir jedoch, um einen Irrtum zu vermeiden, einen bestimmten Punkt genauer betrachten. Weil sie nämlich nur sechs Stunden an der Arbeit sind, könnte man vielleicht auf den Gedanken kommen, es müsse sich daraus ein Mangel an lebensnotwendigen Dingen ergeben. Weit gefehlt! Diese Arbeitszeit genügt vielmehr zur Erzeugung aller Dinge, die lebensnotwendig sind oder zur Bequemlichkeit dienen, ja, es bleibt sogar noch Zeit übrig. Auch ihr werdet das begreifen, wenn ihr bedenkt, ein wie großer Teil des Volkes bei anderen Völkern untätig dahinlebt:

zunächst einmal fast alle Frauen, die Hälfte der Gesamtbevölkerung; oder, wo die Frauen werktätig sind, dort faulenzen an ihrer Stelle meistenteils die Männer; dazu kommen dann noch die Priester und sogenannten Geistlichen – welch riesige, welch faule Gesellschaft! Nimm all die reichen Leute hinzu, vor allem die Großgrundbesitzer, die man gewöhnlich Vornehme und Adlige nennt! Zähle dazu deren Dienerschaft, jenen ganzen Haufen bewaffneter Taugenichtse! Füge dazu endlich die gesunden und arbeitsfähigen Bettler, die irgendeine Krankheit zum Vorwand ihrer Faulenzerei nehmen! Sicherlich wirst du dann viel weniger Leute finden, als du geglaubt hättest, von deren Arbeit all das herrührt, was die Menschen brauchen.

Und nun erwäge noch, wie wenige selbst von diesen ein lebensnotwendiges Gewerbe betreiben, weil ja doch, da wir alles nach Geld und Geldeswert messen, viele völlig unnütze und überflüssige Tätigkeiten ausgeübt werden, die nur der Genußsucht und dem Vergnügen dienen! Wenn nämlich diese ganze Menge der Werktätigen auf die wenigen Gewerbe verteilt würde, die eine zweckmäßige Verwendung der Naturgüter fordert, so wären bei dem dann natürlich bestehenden Überfluß an Waren die Preise zweifellos niedriger als daß die Handwerker davon ihr Leben fristen könnten. Wenn aber alle, die jetzt mit unnützen Gewerben beschäftigt sind, wenn dazu noch das ganze Heer der schlaffen Nichtstuer und Faulenzer, von denen jeder einzelne von den Dingen, die auf Grund der Arbeit der anderen zur Verfügung stehen, so viel verbraucht wie zwei, die sie herstellen, wenn also diese alle zur Arbeit, und zwar zu nützlicher Arbeit herangezogen würden, dann könntest du leicht feststellen, wie wenig Zeit reichlich genug, ja überreichlich wäre, um alles das bereitzustellen, was unentbehrlich oder nützlich ist – ja, setze ruhig noch hinzu, was zum Vergnügen, mindestens zu einem natürlichen und echten Vergnügen, dient.

Gerade das machen die Verhältnisse in Utopien klar. Denn dort sind in der ganzen Stadt mitsamt ihrer nächsten Umgebung von der Gesamtzahl der Männer und Frauen, die ihrem Lebensalter und Gesundheitszustand nach arbeitsfähig sind, kaum fünfhundert Menschen von der Arbeit freigestellt. Unter ihnen erlauben sich selbst die Syphogranten, obgleich sie gesetzlich von der Arbeitsleistung befreit sind, keine Ausnahme, um durch ihr Beispiel die übrigen um so mehr zur Arbeit anzuspornen. Derselben Vergünstigung erfreuen sich die, denen auf Empfehlung der Priester das Volk durch geheime Abstimmung der Syphogranten dauernde Arbeitsbefreiung zum gründlichen Studium der Wissenschaften gewährt. Enttäuscht einer von ihnen die auf ihn gesetzten Erwartungen, so wird er wieder zu den Handwerkern versetzt. Umgekehrt kommt es nicht selten vor, daß irgendein Handwerker seine Freizeit so emsig zum Studium benützt und dank seines Fleißes solche Fortschritte macht, daß er von seinem Handwerk befreit und in die Klasse der Wissenschaftler befördert wird.

Aus diesem Stande der wissenschaftlich Gebildeten werden die Gesandten, die Priester, die Traniboren gewählt, und schließlich auch der Staatspräsident selbst, den sie in ihrer älteren Sprache ›Barzanes‹, in der neueren ›Ademos‹ nennen. [...]

Weil nun aber alle nützliche Gewerbe betreiben und dabei wiederum mit weniger Arbeit auskommen, ist es verständlich, daß sie Überfluß an allen Erzeugnissen haben und zeitweise eine gewaltige Menge von Arbeitern zur Ausbesserung der Staatsstraßen, wenn diese überholungsbedürftig sind, heranziehen können, sehr oft auch, wenn kein Bedarf an derartigen Arbeiten vorliegt, von Staats wegen die Verkürzung der Arbeitszeit verkünden. Denn die Behörden plagen die Bürger nicht gegen ihren Willen mit überflüssiger Arbeit, da die Verfassung dieses Staates vor allem nur das eine Ziel vor Augen hat, soweit es die öffentlichen Belange zulassen, allen Bürgern möglichst viel Zeit von der körperlichen Fron für die Freiheit und Pflege des Geistes sicherzustellen. Darin liegt nämlich nach ihrer Meinung das Glück des Lebens.

Karl Marx

Das Reich der Freiheit

Das Reich der Freiheit beginnt in der Tat erst da, wo das Arbeiten, das durch Not und äußere Zweckmäßigkeit bestimmt ist, aufhört; es liegt also der Natur der Sache nach jenseits der Sphäre der eigentlichen materiellen Produktion. Wie der Wilde mit der Natur ringen muß, um seine Bedürfnisse zu befriedigen, um sein Leben zu erhalten und zu reproduzieren, so muß es der Zivilisierte, und er muß es in allen Gesellschaftsformen und unter allen möglichen Produktionsweisen. Mit seiner Entwicklung erweitert sich dies Reich der Naturnotwendigkeit, weil die Bedürfnisse; aber zugleich erweitern sich die Produktivkräfte, die diese befriedigen.

Die Freiheit in diesem Gebiet kann nur darin bestehn, daß der vergesellschaftete Mensch, die assoziierten Produzenten, diesen ihren Stoffwechsel mit der Natur rationell regeln, unter ihre gemeinschaftliche Kontrolle bringen, statt von ihm als von einer blinden Macht beherrscht zu werden; ihn mit dem geringsten Kraftaufwand und unter den ihrer menschlichen Natur würdigsten und adäquatesten Bedingungen vollziehn. Aber es bleibt dies immer ein Reich der Notwendigkeit.

Jenseits desselben beginnt die menschliche Kraftentwicklung, die sich als Selbstzweck gilt, das wahre Reich der Freiheit, das aber nur auf jenem Reich der Notwendigkeit als seiner Basis aufblühn kann. Die Verkürzung des Arbeitstags ist die Grundbedingung.

Oscar Wilde

Der Fortschritt ist die Verwirklichung von Utopien

Bis jetzt war der Mensch bis zu gewissem Grade der Sklave der Maschine, und es liegt etwas Tragisches in der Tatsache, daß der Mensch, sowie er eine Maschine erfunden hatte, die ihm seine Arbeit abnahm, Not zu leiden begann. Das kommt indessen natürlich von unserer Eigentums- und Konkurrenzwirtschaft. Ein einzelner ist der Eigentümer einer Maschine, die die Arbeit von fünfhundert Menschen tut. Fünfhundert Menschen sind infolgedessen beschäftigungslos; und da man ihre Arbeit nicht braucht, sind sie dem Hunger preisgegeben und legen sich auf den Diebstahl. Der einzelne eignet sich das Produkt der Maschine an und behält es und hat fünfhundertmal soviel als er haben sollte, und wahrscheinlich, was viel wichtiger ist, bedeutend mehr, als er tatsächlich braucht. Wäre diese Maschine das Eigentum aller, so hätte jedermann Nutzen davon. Sie wäre der Gemeinschaft von größtem Vorteil. Jede rein mechanische, jede eintönige und dumpfe Arbeit, jede Arbeit, die mit widerlichen Dingen zu tun hat und den Menschen in abstoßende Situationen zwingt, muß von der

Maschine getan werden. Die Maschine muß für uns in den Kohlengruben arbeiten und gewisse hygienische Dienste tun und Schiffsheizer sein und die Straßen reinigen und an Regentagen Botendienste tun und muß alles tun, was unangenehm ist.

Jetzt verdrängt die Maschine den Menschen. Unter richtigen Zuständen wird sie ihm dienen. Es ist durchaus kein Zweifel, daß das die Zukunft der Maschine ist, und ebenso wie die Bäume wachsen, während der Landwirt schläft, so wird die Maschine, während die Menschheit sich der Freude oder edler Muße hingibt – Muße, nicht Arbeit, ist das Ziel des Menschen – oder schöne Dinge schafft oder schöne Dinge liest oder einfach die Welt mit bewundernden und genießenden Blicken umfängt, alle notwendige und unangenehme Arbeit verrichten.

Es steht so, daß die Kultur Sklaven braucht. Darin hatten die Griechen ganz recht. Wenn es keine Sklaven gibt, die die widerwärtige, abstoßende und langweilige Arbeit verrichten, wird Kultur und Beschaulichkeit fast unmöglich. Die Sklaverei von Menschen ist ungerecht, unsicher und entsittlichend. Von mechanischen Sklaven, von der Sklaverei der Maschine hängt die Zukunft der Welt ab. Und wenn gebildete und gelehrte Männer es nicht länger nötig haben, in ein fürchterliches Armenviertel hinabzusteigen und schlechten Kakao und noch schlechtere Decken an halbverhungerte Menschen zu verteilen, so werden sie eben köstliche Muße haben, wundervolle und herrliche Dinge zu ihrer eigenen und aller andern Freude zu ersinnen. Es wird große Kraftstationen für jede Stadt und, wenn nötig, für jedes Haus geben, und diese Kraft wird der Mensch je nach Bedarf in Wärme, Licht oder Bewegung verwandeln. Ist dies utopisch?

Eine Weltkarte, in der das Land Utopia nicht verzeichnet ist, verdient keinen Blick, denn sie läßt die eine Küste aus, wo die Menschheit ewig landen wird. Und wenn die Menschheit da angelangt ist, hält sie Umschau nach einem besseren Land und richtet ihre Segel dahin. Der Fortschritt ist die Verwirklichung von Utopien.

Jürgen Habermas

Der Horizont der Zukunft

»Utopie« wird, seit dem frühen 19. Jahrhundert, zu einem politischen Kampfbegriff, den jeder gegen jeden verwendet. Zunächst wird der Vorwurf gegen das abstrakte Aufklärungsdenken und dessen liberale Erben ins Feld geführt, dann natürlich gegen Sozialisten und Kommunisten, aber auch gegen die konservativen Ultras – gegen die einen, weil sie eine abstrakte Zukunft, gegen die anderen, weil sie eine abstrakte Vergangenheit beschwören. Weil alle vom utopischen Denken infiziert sind, möchte niemand ein Utopist sein.

Thomas Morus »Utopia«, Campanellas »Sonnenstaat«, Bacons »Nova Atlantis« – diese in der Renaissance entworfenen Raumutopien konnten noch »Staats*romane*« genannt werden, weil ihre Autoren niemals einen Zweifel am fiktiven Charakter der Erzählung gelassen hatten. Sie hatten paradiesische Vorstellungen in geschichtliche Räume und irdische Gegenwelten rückübersetzt, eschatologische Erwartungen in profane Lebensmöglichkeiten zurückverwandelt. Die klassischen Utopien vom besseren und ungefährdeteren Leben präsentierten sich, wie Fourier bemerkt, als ein »Traum vom

Guten – ohne Mittel zur Ausführung desselben, ohne Methode«. Trotz ihres zeitkritischen Bezuges kommunizierten sie noch nicht mit der Geschichte. Das ändert sich erst, als Mercier, ein Anhänger Rousseaus, mit seinem Zukunftsroman über das Paris im Jahre 2440, jene Inseln des Glücks aus räumlich entfernten Regionen in eine entfernte Zukunft projiziert – und damit eschatologische Erwartungen über die künftige Wiederherstellung des Paradieses auf die *innerweltliche* Achse eines historischen Fortschritts abbildet.

Sobald sich aber Utopie und Geschichte in dieser Weise berühren, verwandelt sich die klassische Gestalt der Utopie, streift der Staatsroman seine romanhaften Züge ab. Wer für die utopischen Energien des Zeitgeistes am empfindlichsten ist, wird von nun an die Verschmelzung des utopischen mit dem geschichtlichen Denken am energischsten betreiben. Robert Owen und Saint-Simon, Fourier und Proudhon lehnen den Utopismus heftig ab; und sie wiederum werden von Marx und Engels als »utopische Sozialisten« angeklagt. Erst Ernst Bloch und Karl Mannheim haben in unserem Jahrhundert den Ausdruck »Utopie« vom Beigeschmack des Utopismus gereinigt und als unverdächtiges Medium für den Entwurf alternativer Lebensmöglichkeiten rehabilitiert, die im Geschichtsprozeß selber angelegt sein sollen. Dem politisch wirksamen Geschichtsbewußtsein selbst ist eine utopische Perspektive eingeschrieben.

So jedenfalls schien es sich zu verhalten – bis gestern. Heute sieht es so aus, als seien die utopischen Energien aufgezehrt, als hätten sie sich vom geschichtlichen Denken zurückgezogen. Der Horizont der Zukunft hat sich zusammengezogen und den Zeitgeist wie die Politik gründlich verändert. Die Zukunft ist negativ besetzt; an der Schwelle zum 21. Jahrhundert zeichnet sich das Schreckenspanorama der weltweiten Gefährdung allgemeiner Lebensinteressen ab: die Spirale des Wettrüstens, die unkontrollierte Verbreitung von Kernwaffen, die strukturelle Verarmung der Entwicklungsländer, Arbeitslosigkeit und wachsende soziale Ungleichgewichte in den entwickelten Ländern, Probleme der Umweltbelastung, katastrophennah operierende Großtechnologien geben die Stichworte, die über Massenmedien ins öffentliche Bewußtsein eingedrungen sind.

Die Antworten der Intellektuellen spiegeln nicht weniger als die der Politiker Ratlosigkeit. Es ist keineswegs nur Realismus, wenn eine forsch akzeptierte Ratlosigkeit mehr und mehr an die Stelle von zukunftsgerichteten Orientierungsversuchen tritt. Die Lage mag objektiv unübersichtlich sein. Unübersichtlichkeit ist indessen auch eine Funktion der Handlungsbereitschaft, die sich eine Gesellschaft zutraut. Es geht um das Vertrauen der westlichen Kultur in sich selbst.

Hilde Domin

Nicht müde werden

Nicht müde werden
sondern dem Wunder
leise
wie einem Vogel
die Hand hinhalten

Claudio Magris

Utopie und Entzauberung

Die Welt kann nicht ein für allemal erlöst werden, jede Generation muß, wie Sisyphos, ihren Felsblock wälzen, um zu vermeiden, daß er sie überrollt und zermalmt. Dieses Bewußtsein bedeutet den Eintritt der Menschheit in ihre geistige Reife, jenen Ausgang des Menschen aus seiner selbstverschuldeten Unmündigkeit, den Kant in der Aufklärung zu erblicken glaubte.

Millenniumsende und -anfang brauchen die Utopie, die Hand in Hand geht mit der Entzauberung. Das Schicksal eines jeden Menschen und der Geschichte selbst gleicht dem des Mose, der das Gelobte Land nicht erreichte, aber nie aufhörte, darauf zuzugehen. Utopie bedeutet, sich nicht in die Dinge zu ergeben, wie sie sind, und für die Dinge zu kämpfen, wie sie sein sollten; zu wissen, daß die Welt es nötig hat, wie ein Vers von Brecht sagt, geändert, das heißt erlöst zu werden. Das Wiederaufleben der Religion, das so häufig zum Fundamentalismus entartet, hat die wichtige Funktion, den Sinn für das zu erwecken, was darüber hinausgeht, uns zu erinnern, daß die profane Geschichte dessen, was geschieht, sich ununterbrochen mit der heiligen Geschichte überschneidet, mit dem Schrei der Opfer, die nach einer anderen Geschichte verlangen und am Tag des Jüngsten Gerichts Gott oder dem Weltgeist das Kontenbuch vorlegen und sie auffordern werden, Rechenschaft abzulegen über das universale Schlachthaus.

Utopie bedeutet, jene unbekannten Opfer nicht zu vergessen, die Millionen, die in allen Jahrhunderten an unsäglichen Greueln zugrunde gingen und dem Vergessen anheimgefallen sind, nicht verzeichnet wurden in den Annalen der Weltgeschichte. Der Strom der Geschichte schwemmt die kleinen Geschichten der Individuen fort und läßt sie untergehen, die Woge des Vergessens löscht sie aus dem Gedächtnis der Welt; Schreiben bedeutet unter anderem auch, am Ufer entlanggehen, stromaufwärts fahren, schiffbrüchige Existenzen auffischen und Strandgut wiederauffinden, das sich an den Ufern verfangen hat, um es zeitweilig auf einer Arche Noah aus Papier unterzubringen.

Dieser Rettungsversuch ist utopisch, und die Arche wird vielleicht untergehen. Aber die Utopie gibt dem Leben Sinn, weil sie ganz gegen jede Wahrscheinlichkeit fordert, daß das Leben einen Sinn habe. Don Quijote ist groß, weil er beharrlich, entgegen den offensichtlichen Tatsachen, glaubt, daß die Barbierschüssel der Helm des Mambrin und die bäurische Aldonza die bezaubernde Dulcinea sei. Aber Don Quijote allein wäre peinlich und gefährlich wie eben die Utopie, wenn sie der Realität Gewalt antut, im Glauben, das ferne Ziel sei schon erreicht, wenn sie die Wirklichkeit mit dem Traum verwechselt und ihn den anderen brutal aufzwingt, wie die totalitären politischen Utopien.

Don Quijote braucht Sancho Pansa, der sieht, daß der Helm des Mambrin eine Schüssel ist, und der Aldonzas Stallgeruch bemerkt, der aber auch begreift, daß die Welt weder wahr noch vollkommen ist, wenn man nicht jenen Zauberhelm und jene strahlende Schönheit sucht; und so folgt er dem verrückten Ritter – ja, mehr noch, als dieser Vernunft annimmt, kommt er sich ganz verloren vor und erhebt seinerseits Anspruch auf zauberische Abenteuer. Aber Don Quijote allein wäre vielleicht ärmer als Sancho, denn seinen ritterlichen Taten mangelten die Farbe und der Geschmack, die Speisen, das Blut, der Schweiß und die sinnliche Lust der Existenz, ohne die die Idee des Heldischen, die ihnen Sinn verleiht, ein ödes Gefängnis wäre.

Statt einander feindlich gegenüberzustehen, müssen Utopie und Entzauberung einander stützen und sich wechselseitig berichtigen. Das Ende totalitärer Utopien ist nur dann befreiend, wenn es einhergeht mit dem Bewußtsein, daß die von diesen Utopien versprochene, aber nicht eingehaltene Erlösung mit mehr Geduld und Bescheidenheit, im Wissen darum, daß wir kein fertiges Rezept besitzen, gesucht werden muß, nicht aber verhöhnt werden darf. Allzu viele vom Zusammenbruch totalitärer Utopien Enttäuschte erheben, übermäßig erregt statt gereift durch die Desillusion, ihre Stimme und verspotten schrill und verächtlich die Ideale der Solidarität und Gerechtigkeit, an die sie blind geglaubt hatten. Der Nachdruck, mit dem man häufig das Ende des Sozialstaats feiert, statt seine Mängel zu studieren und sie dann zu beheben, ist ein Aspekt des erwähnten Unvermögens, Utopie und Verzauberung zu vereinen. Es war lachhaft, 1929 oder in den siebziger Jahren zu glauben, daß der Kapitalismus im Sterben liege, und es ist lachhaft, heute zu glauben, daß die derzeitige Form seines Triumphs die definitive Weltordnung sei. Zu glauben, man habe gewonnen, man sei eine unzerstörbare Verbindung mit dem Sieg eingegangen, kann gefährlich sein: Manès Sperber sagte, wer sich des Sieges rühme, werde leicht zum *cocu de la victoire*.

Jede Generation und jedes Individuum muß, und dies nicht nur einmal, die traumatische, aber heilsame Erfahrung der ersten Christen wiederholen, die die Parusie erwarteten, die Rückkehr des Heilands, die ihnen versprochen war, das Kommen des Parakleten, des Tröstergeistes, viele von ihnen im vollen Vertrauen darauf, er werde noch zu ihren Lebzeiten erscheinen. Die Parusie ist nicht eingetreten, und es muß für diese enttäuschten Gläubigen nicht leicht gewesen sein, der Enttäuschung standzuhalten und zu begreifen, daß es sich nicht um einen Widerruf handelte, sondern um die Offenbarung, daß das Heil nicht ein für allemal eintrifft, sondern immer auf dem Weg ist, bis zum Ende aller Zeiten – die vielleicht nicht enden werden, zumindest nicht während des kurzen Daseins des Menschen auf Erden. […]

Die Hoffnung ist eine vollkommene Kenntnis der Dinge, meint Gerardo Cunico, der Dinge, nicht nur wie sie scheinen und sind, sondern auch wie sie werden müssen, um ihrer vollen, noch nicht entfalteten Wirklichkeit zu entsprechen, dem Gesetz ihres Seins. Die Hoffnung gleicht dem Geist der Utopie, wie Bloch lehrt, sie bedeutet, daß hinter jeder Wirklichkeit andere Möglichkeiten stehen, die aus dem Kerker des Existierenden befreit werden müssen.

Harald Welzer

Die Renaissance der Utopien

Ich stelle mir vor: Niemand arbeitet mehr länger als 15 oder 20 Stunden die Woche, es sei denn, jemand will es unbedingt. Die übrige Lebenszeit wird so genutzt, wie es den Menschen am sinnvollsten erscheint: für Passionen, Nichtstun, Beziehungen, Ehrenamt, Engagement. Es gibt keinen protestantischen Gott, der nicht verzeiht, wenn Zeit verschwendet wird.

Der Kampf um die Arbeitszeit wird eine Renaissance erleben. Arbeitszeitverkürzung ist in Zeiten enormer Automatisierungsschübe im Sinne der gerechten Verteilung von Arbeit unabdingbar; in Zeiten von ökologischem Stress ist sie überdies ein Mittel der Reduktion von Aufwand. In diesem Zusammenhang kommt wiederum der Internalisierung von Kosten ein hoher Stellenwert zu: Denn je weiter Produktion re-lokalisiert werden kann und je kürzer die Wertschöpfungsketten werden, desto autonomer wird ja auch die Ausgestaltung der Arbeitsbedingungen, also auch der Arbeitszeiten. Hier kommen im Übrigen auch ganz andere Dimensionen der Flexibilisierung von Arbeit in Betracht, bei denen nicht zuletzt ökologische Widersinnigkeiten wie immer weiter steigender Pendlerverkehr etc. mitgedacht werden müssen.

Die amerikanische Soziologin Juliet Schor plädiert in ihrem Konzept der »Plenitude« – womit sie die gleichzeitige Abkehr von fossilen Brennstoffen und vom Wachstum meint – für eine erhebliche Verkürzung der Arbeitszeit: Das Bremsen des Wirtschaftswachstums, sagt sie, »soll erreicht werden, indem Produktivitätssteigerungen in der Wirtschaft genutzt werden, die Arbeitszeit zu reduzieren. Dadurch ließen sich sowohl das Beschäftigungs- als auch das Unterhaltsniveau stabil halten. Die Zeit, die Haushalte nicht für Lohnarbeit aufwenden müssen, können sie mithilfe neuer hochproduktiver Technologien, vor allem aus der Digitalwirtschaft, zur Selbstversorgung nutzen.«

Während in der konventionellen Ökonomie Produktivitätssteigerungen höhere Gewinne bedeuten, die sogleich in weitere Rationalisierungs- und Gewinnchancen investiert werden und auf diese Weise eine lineare Steigerungslogik vorgeben, die die Arbeitszeit auf hohem Niveau hält, wird in Schors Konzept die Produktivitätssteigerung für eine Verminderung der aufzuwendenden Arbeit genutzt: Der Output bleibt zunächst gleich, die Leute müssen aber weniger arbeiten und können über mehr Zeit autonom verfügen. Sie können sie für Gemeinschaftsaufgaben, für Eigenarbeit oder meinetwegen auch gern fürs Nichtstun einsetzen – in jedem Fall sinkt das Bedürfnis, sich für die viele Arbeit mit Konsum zu entschädigen. Zugleich unterbricht diese Verwendung von erhöhter Produktivität die Steigerungslogik und vermeidet Wachstum.

Man kann an dieser Stelle auch daran erinnern, dass der Kampf um die Arbeitszeit die älteste und erfolgreichste Traditionslinie der Arbeiterbewegung ist. Vielleicht könnte sich die Sozialdemokratie, die im Moment ja orientierungslos wie ein junges Reh auf der nächtlichen Autobahn ist, dieses Thema vornehmen: Schließlich wurden bis in die 1980er Jahre hinein bedeutende Erfolge in der Arbeitszeitverkürzung (wie die 35-Stunden-Woche) erzielt und erfolgreich neue Arbeitszeitmodelle erprobt (der heutige Dino Volkswagen war sehr avantgardistisch darin). Daran kann und muss man anknüpfen, wenn man in Zeiten exorbitanter Kaufkraft (ein Facharbeiter in der Autoindustrie verdient heute mehr als ein Professor an der Uni), zunehmender Roboterisierung und viel zu hohen Ressourcenverbrauchs Lebensstile fördern will, die mehr Lebenssinn bei geringerem Umweltverbrauch bieten. Wenn Menschen nur noch 15 oder 20 Stunden die Woche arbeiten, fällt ihnen – siehe Solidarität 80/20 – bestimmt mehr ein, was sie mit sich und ihrem Leben machen können, als in Shopping-Malls zu gehen.

1930 hatte John Maynard Keynes, der wichtigste Ökonom seiner Zeit, prognostiziert, seine Enkel würden nur 15 Stunden die Woche arbeiten müssen. Dass diese Utopie bis heute nicht Wirklichkeit geworden ist, liegt erstens daran, dass bessere Entlohnung nicht zu mehr Freizeit, sondern zu mehr Konsum geführt hat. Und dass dieser beständig durch immer noch mehr Produkte und noch kürzere Produktzyklen angefüttert wird. Zweitens wird unfassbar viel Zeit durch Redundanz aufgefressen: Wo man früher einfach jemanden angerufen hat, schreibt man sich heute zwanzig Nachrichten, um einen Telefontermin abzustimmen. Und in einem hochredundanten System vermeidet man drittens Verantwortung, indem möglichst viele Personen an Entscheidungsprozessen beteiligt werden. Deshalb telefonieren alle ständig und haben diese grotesken Kopfhörer auf, mit denen sie aussehen wie Gerhard Gösebrecht aus dem 13. Sonnensystem. Alle diese Menschen erzeugen mehr Arbeit und weniger Zeit. Alles das führt dazu, dass Rationalisierungsgewinne nicht zur Verkürzung der Arbeitszeit, sondern zu ihrer Verlängerung führen.

Der politische Kampf um die Arbeitszeit muss nicht nur wieder aufgenommen werden, sondern auch andere Forderungen enthalten: Systemabschaltungen, Netzfreizeit. Die Leute müssen den Kopf wieder freikriegen, dann lernen sie auch wieder, Wichtiges von Unwichtigem zu unterscheiden.

Weniger arbeiten nimmt Druck aus dem System und ermutigt die Menschen zur Freiheit.

Robert Walser

Die Arbeiter

Es war ein warmer Vorfrühlingstag. Das Wetter war schön und mild. Die ersten gelben und blauen Blumen zeigten sich im Grünen. Die Sonne lächelte freundlich und der Himmel glich in seiner süßen Bläue einer blaugekleideten, liebreizenden Prinzessin. Ein frischer, heiterer Wind strich über die jugendliche, frohe Erde dahin. Die Welt war wie neu geboren, alles war wie aufgerissen, als habe sich eine unendliche Weltfreiheit und ein unendliches Erdenglück geöffnet.

Liebe, Sehnsucht und Freiheit schienen wie selbstverständlich, und alle Aufrichtigkeiten, Schönheiten und Offenheiten traten zutage. Die Nacht und die Müdigkeit schienen auf immer verschwunden. Holder, süßer Frühlingssturm, reizende Ahnung, seelenvolles Drängen brausten aus allen Richtungen über die Häuser und Felder, die den göttlich-scheuen Hauch und Anstrich des Glückes ohne Namen besaßen. Und niemand arbeitete, niemand nahm ein Werkzeug in die Hand, niemand ging an diesem Göttertag, an diesem Wundertag zur Arbeit. Es ging ein Ruf durch die ganze weite helle Welt: »Legt jetzt die Arbeit nieder!«

Mäuschenstill und wie am Sonntagmorgen war es, wo schöngekleidete Mädchen, mit der Sonntagswonne in der lieben Brust, feierlich spazieren. Eine stumme, gewaltig schöne Kirchenmusik, eine Liebesmusik und eine Freiheitsmusik, eine Freundschafts- und Verbrüderungsmusik tönte und klang daher mit Wogen, hoch hinauf in das Entzücken und in die freudige Begeisterung geschleudert und hinabgeworfen wieder, in ebenso schönen, kraftvollen Wellen, in alles Weiter- und Weiter-Ergreifen. Die ganze Welt war von Liebe und Güte und süßer Duldsamkeit so stark ergriffen, daß es keinerlei Fremdheit und Unfreundschaft mehr gab, daß die Menschen einander unter freiem Himmel und ohne daß sie sich näher kannten, an den Hals fielen und Tränen der Freude über eine solche Seligkeit vergossen.

Ein so bezaubernder Weltgedanke floß und läutete durch die frohe, aus Mißverstandenheiten und Unbegriffenheiten auferwachte, auferstandene Welt, daß zahlreiche gute, liebeüberflossene und freudeüberströmte Leute betroffen, still, an der Erde, neben eines Flüßchens bescheidenem Rand saßen und standen und in ihre gänzlich benommene, übergossene Seele hinabweinten. Viele jubelten und schluchzten vor Lust und rangen vor Glück die Hände. Ein wunderbares Beten strömte über alle Lippen, und niemand, niemand arbeitete. Es hätte niemand mehr arbeiten können, und alle nicht mehr arbeitenden Menschen begriffen einander. Es gab keine kalte Scheidewand mehr, es gab keine Verständnislosigkeit mehr, es gab keine Entfernung und keine Fremdheit mehr. Alles war nah, alles war offen, und jede Frage war beantwortet, und jedes Rätsel war gelöst, und alles Leid war verschwunden. Und niemand arbeitete. Aus allen Gegenden strömten die Arbeiter herbei, harmlos, wie sanfte, gute, kleine Kinder, die an der Elternhand vors Haus traten, um den freundlichen Nachbar zu besuchen! Kein Arbeiter arbeitete; keiner von den mühseligen Millionen, die immer arbeiten, die immer tagewerken, arbeitete an diesem schönen Tag. Gott im Himmel, du Allmächtiger, ich sehe ein, daß ich träume. Solch ein schöner Tag darf ja nur ein Traum sein. Daß doch alle Menschen glücklich wären. Daß es keinen Unglücklichen gäbe. Daß die Welt frei sei. Daß das Leben gut sei.

Ernst Bloch

Abstrakte und konkrete Utopie

Doch muß zwischen Utopistischem und Utopischem unterschieden werden; das eine bringt sich nur unmittelbar, abstrakt an die Verhältnisse heran, um sie rein aus dem Kopf zu bessern, das andere nahm immerhin dazu auch das Bauzeug von draußen. Wobei freilich selbst das Utopistische, wie es abstrakt *über* die Wirklichkeit greift, sich vor einem bloß Empiristischen, das nur anders abstrakt *unter* die Wirklichkeit greift, nicht zu genieren braucht.

Kritik des Utopischen kann nur von einem Standpunkt erfolgen, der adäquat ist, der nicht etwa Überfliegen durch faktizistisches Kriechen richtet, gar ersetzt. »Etwas sei utopisch«, als Abwertung im Mund von Geschäftsmännern, die sich besonders klug vorkommen, diese Abwertung in Bausch und Bogen ist ohnehin Provinz oder Phrase geworden, garniert mit der Angst vor Zukunft überhaupt. Dennoch und gerade deshalb aber muß zwischen abstrakten und konkret werdenden Utopien gründlichst unterschieden werden. Besonders Sozialutopien konnten abstrakt sein, weil ihr Entwerfen mit der vorhandenen gesellschaftlichen Tendenz und Möglichkeit nicht vermittelt war; und sie konnten nicht nur, sondern *mußten* abstrakt sein, sofern sie – genau wegen der vorhandenen Tendenzen und Fälligkeiten – zu früh kamen. Darum bildeten die Utopisten eine neue bessere Welt oft allzu *unvermittelt* aus ihrem Herz und Kopf oder wie Engels sagt: »Sie waren beschränkt für die Grundzüge ihres Neubaus auf den Appell an die Vernunft, weil sie noch nicht an die gleichzeitige Geschichte appellieren konnten.«

8

DER AUFRECHTE GANG

Denn normal, denkt man, ist es doch, oder müsste es sein,
dass sich Millionen Menschen nicht durch Jahrtausende
von einer Handvoll Oberschicht beherrschen,
ausbeuten, enterben lassen.
Normal ist, dass eine so ungeheure Mehrheit
es sich nicht gefallen läßt,
Verdammte dieser Erde zu sein.
Stattdessen ist gerade das Erwachen dieser Mehrheit
das ganz und gar Ungewöhnliche,
das Seltene in der Geschichte.
Auf tausend Kriege kommen nicht zehn Revolutionen;
so schwer ist der aufrechte Gang.

Ernst Bloch

Johann Gottfried Herder

Gehe aufrecht!

Die Gestalt des Menschen ist aufrecht; er ist hierin einzig auf der Erde. Denn ob der Bär gleich einen breiten Fuß hat und sich im Kampf aufwärts richtet: obgleich der Affe und Pygmäe zuweilen aufrecht gehen oder laufen, so ist doch seinem Geschlecht allein dieser Gang beständig und natürlich. Sein Fuß ist fester und breiter: er hat einen längern großen Zeh, da der Affe nur einen Daumen hat: auch seine Ferse ist zum Fußblatt gezogen. Zu dieser Stellung sind alle dahinwirkenden Muskeln bequemt. Die Wade ist vergrößert: das Becken zurück-, die Hüften auseinandergezogen: der Rücken ist weniger gekrümmt, die Brust erweitert: er hat Schlüsselbeine und Schultern, an den Händen fein fühlende Finger: der hinsinkende Kopf ist, auf den Muskeln des Halses zur Krone des Gebäudes erhoben: der Mensch ist Anthropos, ein über sich, ein weit um sich schauendes Geschöpf.

Der aufrechte Gang des Menschen ist ihm einzig natürlich: ja er ist die Organisation zum ganzen Beruf seiner Gattung, und sein unterscheidender Charakter.

Kein Geschöpf, das wir kennen, ist aus seiner ursprünglichen Organisation gegangen und hat sich ihr zuwider eine andre bereitet; da es ja nur mit den Kräften wirkte, die in seiner Organisation lagen und die Natur Wege genug wußte, ein jedes der Lebendigen auf dem Standpunkt festzuhalten, den sie ihm anwies. Beim Menschen ist auf die Gestalt, die er jetzt hat, alles eingerichtet; aus ihr ist in seiner Geschichte alles, ohne sie nichts erklärlich und da auf diese, als auf die erhabne Göttergestalt und künstlichste Hauptschönheit der Erde auch alle Formen der Tierbildung zu konvergieren scheinen, und ohne jene, so wie ohne das Reich des Menschen, die Erde ihres Schmucks und ihrer herrschenden Krone beraubt bliebe; warum wollten wir dies Diadem unsrer Erwählung in den Staub werfen und gerade den Mittelpunkt des Kreises nicht sehen wollen, in welchem alle Radien zusammen zu laufen scheinen.

Als die bildende Mutter ihre Werke vollbracht und alle Formen erschöpft hatte, die auf dieser Erde möglich waren, stand sie still und übersann ihre Werke; und als sie sah, daß bei ihnen allen der Erde noch ihre vornehmste Zierde, ihr Regent und zweiter Schöpfer fehlte: siehe da ging sie mit sich zurat, drängte die Gestalten zusammen und formte aus allen ihr Hauptgebilde, die menschliche Schönheit. Mütterlich bot sie ihrem letzten künstlichen Geschöpf die Hand und sprach: »Steh auf von der Erde! Dir selbst überlassen, wärest du Tier wie andre Tiere; aber durch meine besondre Huld und Liebe *gehe aufrecht* und werde der Gott der Tiere.«

Bertrand Russell

Zwei Wege

Die Geschichte des Menschen kennt gelegentliche einschneidende Krisen. Es muß solch eine Krise gegeben haben, als die Affen ihre Schwänze verloren, und eine weitere, als unsere Ahnen anfingen, aufrecht zu gehen und ihr schützendes Fell einbüßten. Wie ich oben bemerkte, vermehrte sich die menschliche Bevölkerung des Erdballs, die einmal sehr gering gewesen sein muß, mit der Erfindung des Ackerbaues bedeutend, und in unserer Zeit noch einmal durch die Fortschritte der Industrie und Medizin. Aber die moderne Technik hat uns in eine neue Krise gestürzt, und uns bleiben nur zwei Wege offen: entweder muß der Mensch wieder eine seltene Spezies werden, wie zur Zeit des Homo Pekiniensis, oder wir müssen lernen, uns einer Weltregierung zu unterwerfen. Jede solche Regierung, sei sie nun gut, schlecht oder keines von beiden, wird das Fortleben der Spezies Mensch ermöglichen; und wie im Laufe der letzten 5000 Jahre die Menschen allmählich aus dem Despotismus der Pharaonenzeit die glorreichen Höhen der amerikanischen Verfassung erklommen haben, so mögen sie vielleicht in den nächsten 5000 Jahren von einer schlechten Weltregierung zu einer guten fortschreiten. Errichten sie aber keinerlei Weltregierung, so wird der neue Fortschritt auf einem niedereren Stand einsetzen, vielleicht dem wilder Stämme, und wird erst nach einer katastrophalen Zerstörung beginnen können, vergleichbar nur mit dem biblischen Bericht über die Sintflut. Wenn wir die lange Entwicklung des Menschen überschauen – ein seltenes, gehetztes Tier, das sich vor der Raserei der wilden Tiere, die er nicht erlegen konnte, dürftig in Höhlen verbarg; sich von den rohen Früchten der Erde, die er nicht zu ziehen verstand, kümmerlich nährte; wirklich vorhandene Schrecken noch durch eingebildete, durch Geister, Unholde und bösen Zauber verschlimmerte; dann sich allmählich zum Herrn über seine Umwelt aufschwang durch die Erfindung des Feuers, des Schreibens, der Waffen und schließlich der Wissenschaft; dann ein soziales Gefüge errichtete, das privater Gewalttat einen Riegel vorschob und dem täglichen Leben eine gewisse Sicherheit verlieh; die Muße, die ihm seine Geschicklichkeit verschaffte, nicht nur müßigem Wohlleben, sondern dem Dienst am Schönen und der Enthüllung der Naturgeheimnisse widmete; allmählich, wenn auch unvollkommen, immer mehr Mitmenschen als Verbündete zu gemeinsamer Erzeugung statt als Feinde betrachten lernte, die versuchen, einander zu berauben – wenn wir diesen langen und dornenvollen Weg betrachten, so wird der Gedanke unerträglich, daß wir ihn vielleicht nochmals von Anfang an gehen müssen, weil wir versagten, als es galt, den einen Schritt zu tun, auf den uns die Ereignisse der Vergangenheit, richtig betrachtet, schon vorbereitet haben.

Stanisław Lem

Auf die Richtung kommt es an

Wir stehen offenbar am Ende einer Epoche. Ich meine damit nicht das Zeitalter von Dampfkraft und Elektrizität und den Übergang zum Zeitalter der Kybernetik und Kosmonautik. Schon in dieser Wortwahl steckt die Unterwerfung unter Technologien, die viel zu mächtig werden, als daß wir uns auch in Zukunft mit ihrer Selbstherrlichkeit abfinden könnten.

Die menschliche Zivilisation ist wie ein Schiff, das ohne Pläne gebaut wurde. Über alle Erwartungen hinaus ist ihr das Bauwerk gelungen. Sie hat gewaltige Antriebsmaschinen geschaffen und das Innere ihres Schiffes eingerichtet, freilich ungleichmäßig, doch das läßt sich noch ändern. Aber dieses Schiff hat keinen Steuermann. Es fehlt der Zivilisation an dem Wissen, mit dessen Hilfe sie unter den vielen Möglichkeiten bewußt ihren Kurs wählen könnte, statt sich von den Strömungen zufälliger Entdeckungen treiben zu lassen. Denn die Entdeckungen, aus denen das Bauwerk erwuchs, sind teilweise noch immer ein Werk des Zufalls. Daß wir – in Unkenntnis des weiteren Weges – die Ufer der Sterne ansteuern, ändert an dieser Tatsache nichts. Wenn etwas möglich ist, wird es von uns mit Sicherheit realisiert. Die Wissenschaft hat sich auf ein Spiel mit der Natur eingelassen, und sie gewinnt eine Partie nach der anderen, doch läßt sie sich dermaßen in die Konsequenzen ihrer Siege verwickeln, beutet sie jeden dermaßen aus, daß sie statt einer Strategie nur Taktik betreibt.

Das Paradoxe ist nun, daß in Zukunft mit wachsenden Erfolgen die Situation nur schwieriger werden wird, denn es wird, wie wir schon angedeutet haben, nicht immer möglich sein, alle Errungenschaften auszunützen. Der *embarras de richesse,* die Informationslawine, die der Mensch durch seine Erkenntnisgier ausgelöst hat, muß unter Kontrolle gebracht werden. Wenn wir nicht lernen, auch den Fortschritt des Wissens zu regeln, werden die weiteren Etappen unserer Entwicklung immer stärker vom Zufall bestimmt sein. Unsere Siege – plötzlich sich eröffnende phantastische neue Handlungsmöglichkeiten – werden uns durch ihre beeindruckende Größe gefangennehmen und uns dadurch den Blick auf andere Möglichkeiten versperren, die auf lange Sicht vielleicht wertvoller sind.

Die Zivilisation muß für ihre Entwicklung strategische Manövrierfähigkeit gewinnen, muß ihren Weg selber bestimmen können. Gewiß hat die Welt heute andere Sorgen. Sie ist geteilt, und die Bedürfnisse von Millionen sind unbefriedigt – doch was, wenn sie schließlich befriedigt werden, wenn die automatische Güterproduktion in Gang gekommen ist? Wird der Westen das überleben? Eine groteske Vision tut sich auf: Menschenleere Fabriken, in denen Milliarden von Gegenständen, Maschinen und Lebensmitteln produziert werden mit der Energie eines Sterns, an den Zivilisation »angeschlossen wurde« – ob dieser Stern dann Eigentum einer General Apocalyptics sein wird?

Doch auf die Eigentumsrechte kommt es nicht an. Auch die Agonie der überkommenen Gesellschaftssysteme ist nicht gemeint, wenn ich sage, daß eine Epoche zu Ende geht. Die Befriedigung der Grundbedürfnisse der Menschen ist eine Pflichtaufgabe, eine Vorübung für die Reifeprüfung, deren Anfang und nicht deren Ende.

Die Wissenschaft entschlüpft der Technologie und nimmt sie, zu Kräften gekommen, ins Schlepptau. Von der Zukunft, insbesondere der fernen Zukunft zu sprechen, heißt, von den Wandlungen der Wissenschaft zu sprechen. Was wir erörtern wollen, wird vielleicht niemals Wirklichkeit werden. Zweifelsfreie Gewißheit besitzen Dinge, die sich ereignen, nicht aber solche, die denkbar sind. Ich weiß nicht, ob Demokrit oder Thales in ihrem Denken verwegener waren als der heutige Mensch. Vielleicht nicht – kannten sie doch nicht das Labyrinth von Fakten und den verworrenen Dschungel von Hypothesen, welche wir seit ihrer Zeit zu durchmessen hatten und die uns gezeigt haben, daß die ganze Geschichte der Wissenschaft im Grunde ein unwegsames Land ist, gezeichnet von den Spuren der Niederlagen, die sehr viel häufiger waren als die Siege, übersät von den Wracks aufgegebener Systeme, von Theorien, die veraltet sind wie primitive Steinwerkzeuge, von vernichteten Wahrheiten, die sich einstmals allgemeiner Anerkennung erfreuten. Heute erkennen wir, daß jahrhundertelange wissenschaftliche Streitigkeiten scheinbar umsonst waren, denn man hat sich um Begriffe, um Worte gestritten, deren Sinn allein schon durch den Ablauf der Zeit ausgelaugt wurde. So erging es dem Erbe Aristoteles', Jahrhunderte nach seinem Tode, so erging es dem Kampf zwischen Epigenetikern und Präformisten in der Biologie; ich sage »scheinbar«, weil man all die heute ausgestorbenen Organismen, die Versteinerungen von Tieren, welche der Entstehung des Menschen voraufgingen, mit dem gleichen Recht als scheinhaft oder überflüssig bezeichnen könnte. Die Behauptung, sie hätten die Ankunft des Menschen vorbereitet, scheint mir nicht sonderlich geglückt, kommt doch darin ein allzu egoistischer Anthropozentrismus zum Ausdruck. Vielleicht genügt es, wenn wir sagen, jene fossilen Gebilde seien genauso wie die alten Theorien Glieder einer Stufenfolge gewesen, Glieder, die nicht immer notwendig, nicht immer unvermeidlich waren, Glieder, die gelegentlich von unschätzbarem Wert waren und gelegentlich in die Irre führten, die aber insgesamt einen Weg beschrieben haben, der sich immer höher erhebt. Dabei kommt es nicht darauf an, welchen Wert man ihnen im einzelnen zuschreibt.

Nichts einfacher, als die ausgestorbenen organismischen Formen primitiv und die Schöpfer falscher Theorien Dummköpfe zu nennen. Während ich dies schreibe, liegt auf meinem Schreibtisch eine Nummer einer wissenschaftlichen Zeitschrift, in der von einem Experiment berichtet wird, dessen Resultate zu einer der grundlegenden Wahrheiten der Physik im Widerspruch stehen: der Einsteinschen These von der Konstanz der Lichtgeschwindigkeit. Vielleicht wird sich dieses Gesetz dennoch behaupten. Wichtig ist aber etwas anderes, nämlich, daß es für die Wissenschaft keine unantastbaren Wahrheiten und Autoritäten gibt. Über ihre Fehler und Irrtümer braucht man sich nicht zu belustigen, denn sie sind das Ergebnis eines bewußt eingegangenen Risikos. Dieses Bewußtsein gibt uns das Recht, Hypothesen zu äußern, denn auch, wenn diese rasch zu Fall kommen, trifft uns der Rückschlag doch auf dem richtigen Wege. Der Mensch hat nämlich seit seinen ersten Anfängen stets diesen Weg beschritten, auch dann schon, als er sich dessen noch nicht bewußt war.

Hans Jonas

Eine Frage der Verantwortung

Durch die Art und die schiere Größe ihrer Schneeball-Effekte treibt technologische Macht uns vorwärts zu Zielen einer Art, die früher das Reservat von Utopien war. Anders ausgedrückt, technologische Macht hat das, was probierende und vielleicht erleuchtende Spiele spekulativer Vernunft zu sein pflegten, in konkurrierende Entwürfe für ausführbare Projekte verwandelt, und im Wählen zwischen ihnen müssen wir zwischen Extremen ferner und großenteils unbekannter Wirkungen wählen. Das Eine, was wir wirklich von ihnen wissen können, ist ihr Extremismus als solcher: daß sie den Gesamtzustand der Natur auf unserm Planeten betreffen und die Art der Geschöpfe, die ihn bevölkern oder nicht bevölkern sollen. Das unvermeidlich »utopische« Ausmaß moderner Technologie führt dazu, daß der heilsame Abstand zwischen alltäglichen und letzten Anliegen, zwischen Anlässen für gewöhnliche Klugheit und Anlässen für erleuchtete Weisheit stetig schrumpft. Da wir heute ständig im Schatten ungewollten, miteingebauten, automatischen Utopismus leben, sind wir ständig mit Endperspektiven konfrontiert, deren positive Wahl höchste Weisheit erfordert – eine unmögliche Situation für den Menschen überhaupt, weil er diese Weisheit nicht besitzt, und für den zeitgenössischen Menschen im besonderen, der sogar die Existenz ihres Gegenstandes leugnet, die Existenz nämlich absoluten Wertes und objektiver Wahrheit. Wir haben Weisheit am nötigsten gerade, wenn wir am wenigsten an sie glauben.

Wenn denn also die neuartige Natur unseres Handelns eine neue Ethik weittragender Verantwortlichkeit verlangt, kommensurabel mit der Tragweite unserer Macht, dann verlangt sie im Namen eben jener Verantwortlichkeit auch eine neue Art von Demut – eine Demut nicht wie frühere wegen der Kleinheit, sondern wegen der exzessiven Größe unserer Macht, die ein Exzeß unserer Macht zu tun über unsere Macht vorherzusehen und über unsere Macht zu werten und zu urteilen ist. Angesichts des quasi-eschatologischen Potentials unserer technischen Prozesse wird Unwissen über die letzten Folgen selber ein Grund für verantwortliche Zurückhaltung – als das zweitbeste nach dem Besitz von Weisheit selbst.

Ein weiterer Aspekt der erforderlichen neuen Ethik der Verantwortung für eine entfernte Zukunft und der Rechtfertigung vor ihr ist der Erwähnung wert: der Zweifel an der Zulänglichkeit repräsentativer Regierung, nach ihren normalen Grundsätzen und mit ihren normalen Verfahren den neuen Anforderungen gerecht zu werden. Denn diesen Grundsätzen und Verfahren gemäß bringen sich nur *gegenwärtige* Interessen zu Gehör und machen ihr Gewicht geltend und erzwingen Berücksichtigung. Ihnen sind öffentliche Autoritäten Rechenschaft schuldig, und dies ist die Art und Weise, wie die Respektierung von Rechten konkret zustande kommt (im Unterschied zu ihrer abstrakten Anerkennung). Die »Zukunft« aber ist in keinem Gremium vertreten; sie ist keine Kraft, die ihr Gewicht in die Waagschale werfen kann. Das Nichtexistente hat keine Lobby und die Ungeborenen sind machtlos. Somit hat die ihnen geschuldete Rechenschaft vorerst noch keine politische Realität im gegenwärtigen Entscheidungsprozeß hinter sich, und wenn sie sie einfordern können, sind wir, die Schuldigen, nicht mehr da.

Albert Schweitzer

Selbst denken

Zwei Erlebnisse werfen ihre Schatten auf mein Dasein. Das eine besteht in der Einsicht, daß die Welt unerklärlich geheimnisvoll und voller Leid ist; das andere darin, daß ich in eine Zeit des geistigen Niedergangs der Menschheit hineingeboren bin. Mit beiden bin ich durch das Denken, das mich zur ethischen Welt- und Lebensbejahung der Ehrfurcht vor dem Leben geführt hat, fertig geworden. In ihr hat mein Leben Halt und Richtung gefunden. So stehe und wirke ich in der Welt als einer, der die Menschen durch Denken innerlicher und besser machen will.

Mit dem Geiste der Zeit befinde ich mich in vollständigem Widerspruch, weil er von Mißachtung des Denkens erfüllt ist. Daß er so gesinnt ist, ist bis zu einem gewissen Grade daraus verständlich, daß das Denken das Ziel, das es sich stecken muß, bisher nicht erreicht hat. Soundso oft war es überzeugt, eine erkenntnismäßig und ethisch befriedigende Weltanschauung in einleuchtender Weise begründet zu haben. Nachher aber stellte sich immer wieder heraus, daß ihm dies nicht gelungen war.

So konnten Zweifel daran aufkommen, ob das Denken jemals imstande sein würde, uns die auf die Welt und unser Verhältnis zu ihr gehenden Fragen in der Art zu beantworten, daß wir unserem Leben Sinn und Inhalt zu geben vermöchten.

Bei der heutigen Mißachtung des Denkens ist aber noch Mißtrauen gegen es mit im Spiele. Die organisierten staatlichen, sozialen und religiösen Gemeinschaften unserer Zeit sind darauf aus, den einzelnen dahin zu bringen, daß er seine Überzeugungen nicht aus eigenem Denken gewinnt, sondern sich diejenigen zu eigen macht, die sie für ihn bereithalten. Ein Mensch, der eigenes Denken hat und damit geistig ein Freier ist, ist ihnen etwas Unbequemes und Unheimliches. Er bietet nicht genügende Gewähr, daß er in der Organisation in der gewünschten Weise aufgeht. Alle Körperschaften suchen heute ihre Stärke nicht so sehr in der geistigen Wertigkeit der Ideen, die sie vertreten, und in der der Menschen, die ihnen angehören, als in der Erreichung einer höchstmöglichen Einheitlichkeit und Geschlossenheit. In dieser glauben sie die stärkste Widerstands- und Stoßkraft zu besitzen ...

Sein ganzes Leben hindurch ist der heutige Mensch also der Einwirkung von Einflüssen ausgesetzt, die ihm das Vertrauen in das eigene Denken nehmen wollen. Der Geist der geistigen Unselbständigkeit, dem er sich ergeben soll, ist in allem, was er hört und liest: er ist in den Menschen, mit denen er zusammenkommt, er ist in den Parteien und Vereinen, die ihn mit Beschlag belegt haben; er ist in den Verhältnissen, in denen er lebt. Von allen Seiten und auf die mannigfachste Weise wird auf ihn eingewirkt, daß er die Wahrheiten und Überzeugungen, deren er zum Leben bedarf, von den Genossenschaften, die Rechte auf ihn haben, entgegennehme. Der Geist der Zeit läßt ihn nicht zu sich selber kommen. Wie durch die Lichtreklamen, die in den Straßen der Großstadt aufflammen, eine Gesellschaft, die kapitalkräftig genug ist, um sich durchzusetzen, auf Schritt und Tritt Zwang auf ihn ausübt, daß er sich für ihre Schuhwichse oder ihre Suppenwürfel entscheide, so werden ihm fort und fort Überzeugungen aufgedrängt.

Durch den Geist der Zeit wird der heutige Mensch also zum Skeptizismus in bezug auf das eigene Denken angehalten, damit er für autoritative Wahrheit empfänglich werde. Dieser stetigen Beeinflussung kann er nicht den erforderlichen Widerstand leisten, weil er ein überbeschäftigtes, ungesammeltes, zerstreutes Wesen ist. Überdies wirkt die vielfache materielle Unfreiheit, die sein Los ist, in der Art auf seine Mentalität ein, daß er zuletzt auch den Anspruch auf eigene Gedanken nicht mehr aufrechterhalten zu können glaubt …

In einer Zeit, die alles, was sie irgendwie als rationalistisch und freisinnig empfindet, als lächerlich, minderwertig, veraltet und schon längst überwunden ansieht und sogar über die im 18. Jahrhundert erfolgte Aufstellung von unverlierbaren Menschenrechten spottet, bekenne ich mich als einen, der sein Vertrauen in das vernunftmäßige Denken setzt.

Ich wage, unserem Geschlechte zu sagen, daß es nicht meinen soll, mit dem Rationalismus fertig zu sein, weil der bisherige zuerst der Romantik und dann einer auf dem Gebiete des Geistigen wie des Materiellen zur Herrschaft kommenden Realpolitik Platz machen mußte. Wenn es alle Torheiten dieser universellen Realpolitik durchgemacht hat und durch sie immer tiefer in geistiges und materielles Elend geraten ist, wird ihm zuletzt nichts anderes übrigbleiben, als sich einem neuen Rationalismus, der tiefer und leistungsfähiger ist als der vergangene, anzuvertrauen und in ihm Rettung zu suchen …

Auf die Frage, ob ich pessimistisch oder optimistisch sei, anworte ich, daß mein Erkennen pessimistisch und mein Wollen und Hoffen optimistisch ist.

Pessimistisch bin ich darin, daß ich das nach unseren Begriffen Sinnlose des Weltgeschehens in seiner ganzen Schwere erlebe. Nur in ganz seltenen Augenblicken bin ich meines Daseins wirklich froh geworden. Ich konnte nicht anders, als alles Weh, das ich um mich herum sah, dauernd miterleben, nicht nur das der Menschen, sondern auch das der Kreatur. Mich diesem Mit-Leiden zu entziehen, habe ich nie versucht. Es erschien mir selbstverständlich, daß wir alle an der Last von Weh, die auf der Welt liegt, mittragen müssen. Schon während meiner Gymnasialzeit war mir klar, daß mich keine Erklärung des Übels in der Welt jemals befriedigen könne, sondern daß sie alle auf Sophistereien hinausliefen und im Grunde nichts anderes bezweckten, als es den Menschen zu ermöglichen, das Elend um sie herum weniger lebhaft mitzuerleben. Daß ein Denker wie Leibniz die armselige Auskunft vorbringen konnte, diese Welt sei zwar nicht gut, aber unter den möglichen die beste, ist mir immer unverständlich geblieben.

Sosehr mich das Problem des Elends in der Welt beschäftigte, so verlor ich mich doch nie in Grübeln darüber, sondern hielt mich an den Gedanken, daß es jedem von uns verliehen sei, etwas von diesem Elend zum Aufhören zu bringen. So fand ich mich nach und nach darein, daß das einzige, was wir an jenem Problem verstehen könnten, dies sei, daß wir unsern Weg als solche, die Erlösung bringen wollen, zu gehen hätten.

Auch in der Beurteilung der Lage, in der sich die Menschheit zur Zeit befindet, bin ich pessimistisch. Ich vermag mir nicht einzureden, daß es weniger schlimm mit ihr steht, als es den Anschein hat, sondern bin mir bewußt, daß wir uns auf einem Wege befinden, der uns, wenn wir ihn weiter begehen, in eine neue Art von Mittelalter hineinführen wird. Das geistige und materielle Elend, dem sich unsere Menschheit durch den Verzicht auf das Denken um die aus dem Denken kommenden Ideale ausliefert, stelle ich mir in seiner ganzen Größe vor. Dennoch bleibe ich optimistisch. Als unverlierbaren Kinderglauben habe ich mir den an die Wahrheit bewahrt. Ich bin der Zuversicht, daß der aus der Wahrheit kommende Geist stärker ist als die Macht der Verhältnisse. Meiner Ansicht nach gibt es kein anderes Schicksal der Menschheit als dasjenige, das sie sich durch ihre Gesinnung selber bereitet. Darum glaube ich nicht, daß sie den Weg des Niedergangs bis zum Ende gehen muß.

Finden sich Menschen, die sich gegen den Geist der Gedankenlosigkeit auflehnen und als Persönlichkeiten lauter und tief genug sind, daß die Ideale ethischen Fortschritts als Kraft von ihnen ausgehen können, so hebt ein Wirken des Geistes an, das vermögend ist, eine neue Gesinnung in der Menschheit hervorzubringen.

Weil ich auf die Kraft der Wahrheit und des Geistes vertraue, glaube ich an die Zukunft der Menschheit. Ethische Welt- und Lebensbejahung enthält optimistisches Wollen und Hoffen unverlierbar in sich.

Rainer Maria Rilke

Bon courage

Und da ist mein Leben. Ein wenig als Sekretär Rodins, sehr verwerfliche französische Briefe schreibend, vor allem aber bei seinen erwachsenen Dingen und in seiner großen heiteren Freundschaft dieses lernend, langsam lernend: leben, Geduld haben, arbeiten und keinen Anlaß zur Freude versäumen.

Denn dieser Weise und Große weiß es, die Freude zu finden, Freund; eine Freude so namenlos wie jene, deren man sich aus der Kindheit erinnert, und doch von dem tiefsten Anlaß voll bis an den Rand; die kleinsten Dinge kommen zu ihm und tun sich ihm auf; eine Kastanie, die wir finden, ein Stein, eine Muschel im Kies, alles spricht, als ob es in Wüsten gewesen wäre und nachgedacht und gefastet hätte. Und wir haben fast nichts zu tun als zu hören; denn die Arbeit selbst kommt aus diesem Hören, man muß sie herausheben mit beiden Armen, denn sie ist schwer. Meine Kräfte versagen oft, aber Rodin hebt alles und hebt es über sich hinaus und stellt es in den Raum. Und das ist ein namenloses Beispiel. Ich glaube an das Alter, lieber Freund. Arbeiten und Altwerden, das ist es, was das Leben von uns erwartet. Und dann eines Tages alt sein und noch lange nicht alles verstehen, nein, aber anfangen, aber lieben, aber ahnen, aber zusammenhängen mit Fernem und Unsagbarem, bis in die Sterne hinein. Ich sage mir: wie gut, wie köstlich muß das Leben sein, wenn ich diesen alten Mann so groß davon sprechen, so rauschend davon schweigen höre.

Wir wissens ja oft nicht, die wir im Schweren sind, bis über die Kniee, bis an die Brust, bis ans Kinn. Aber sind wir denn im Leichten froh, sind wir nicht fast verlegen im Leichten? Unser Herz ist tief, aber wenn wir nicht hineingedrückt werden, gehen wir nie bis auf den Grund. Und doch, man muß auf dem Grund gewesen sein. Darum handelt sichs.

Bon courage, sagt mir Rodin manchmal, wenn wir uns abends trennen, auch wenn wir von ganz Gutem gesprochen haben, scheinbar ohne Anlaß; er weiß, wie nötig das ist, jeden Tag, wenn man jung ist. –

Günter Kunert

Vorschlag

Ramme einen Pfahl
in die dahin schießende Zeit.
Durch deine Hand rinnt der Sand
und bildet Formlosigkeiten,
die sogleich auf Nimmerwiedersehen
in sich selbst einsinken:
vertanes Leben.

Was du nicht erschaffst, du
bist es nicht. Dein Sein nur Gleichung
für Tätigsein: Wie will denn,
wer nicht Treppen zimmert,
über sich hinausgelangen?
Wie will heim zu sich selber finden,
der ohne Weggenossen?

Hinterlaß mehr als die Spur
deiner Tatze, das Testament
ausgestorbner Bestien, davon die Welt
übergenug schon erblickt.
Ramme einen Pfahl ein. Ramme

einen einzigen, einen neuen Gedanken
als geheimes Denkmal
deiner einmaligen Gegenwart
in den Deich
gegen die ewige Flut.

Harald Welzer

Ich stelle mir vor

Ich stelle mir vor: Die Traum- und Wunschhorizonte sind voller Möglichkeiten, offen und nicht verstellt von den Produkten der Digitalwirtschaft und den Dystopien der Weltuntergangsexperten. Wir haben eine politische Ästhetik, die einen Vorschein der Zukunft in die Gegenwart holt. Man muss ja wissen, warum man wo hinwill.

Jetzt haben wir das meiste beisammen, was wir für unsere Gesellschaft für freie Menschen brauchen:

Sie ist universalistisch, und weil sie das ist, lebt sie nicht über die Verhältnisse von anderen. Ihre Mitglieder haben gelernt, anderes als nur wissenschaftliches Wissen zu sammeln, sie haben sich aus den Suchtstrukturen des Hyperkonsums befreit, und das war die Voraussetzung dafür, den Pfadwechsel zu einem versöhnten Naturverhältnis einzuleiten. Dafür war es hilfreich, Wirtschaftsformen zwischen Markt und Staat weiterzuentwickeln, und exakt das war es, was zu mehr gesellschaftlichem Zusammenhalt und zu einer Stärkung der Demokratie beigetragen hat. Man hat begonnen, die Zukunft wieder als ein gemeinsames Projekt zu verstehen und dafür entscheidende Schritte politisch durchzusetzen: die Internalisierung der Kosten rechtlich verbindlich zu machen, die Städte von Autos zu befreien, die Digitalisierung zurückzusetzen und als das zu verstehen, was sie ist: eine hilfreiche Technologie. Die man insbesondere zur Abschaffung schlechter Arbeit einsetzen kann, was die Aufwertung von Empathiearbeit genauso erlaubte wie eine radikale Verkürzung der Arbeitszeit und ein bedingungsloses Grundeinkommen.

Arbeitskräfte kommen von überall her, da es keine Grenzen gibt, aber selbstverständlich gibt es noch konventionelle Staatlichkeit, die die Rechte und Pflichten ihrer Bürgerinnen und Bürger auf der Grundlage von Verfassungen und Gesetzbüchern regelt und über Institutionen gewährleistet. Diese Staatlichkeit ist nach innen befriedet, weil es die Politik der Angst gegen eine Politik der Freundlichkeit getauscht hat, und nach außen, weil es gelungen ist, ein zwischenstaatliches Gewaltmonopol zu etablieren. Die Rüstungsausgaben sanken dramatisch, die Zahl zwischenstaatlicher Konflikte ebenfalls. Das alles öffnete zugleich das Tor zu transnationalen Rechtsregimen in Dingen, die alle auf der Welt angehen: einen Strafgerichtshof für Gewaltverbrechen, einen Umweltgerichtshof für ökologische Verbrechen, einen Finanzgerichtshof für steuerliche Vergehen. Diese Welt ist immer noch kein Ponyhof, aber sie ist zum Glück noch divers, macht Fortschritte im zivilisatorischen Prozess und reduziert überall den Aufwand an Material und Energie. Man kann ohne Angst verschieden sein. Und versuchen, wiedergutzumachen, was zuvor leichtfertig zerstört worden war.

Es gibt nur noch ein Problem. Das alles ist machbar. Die Utopie bleibt aber blutleer, wenn sie nicht in ein Zukunftsbild, oder besser: viele Zukunftsbilder übersetzt und anschaulich und damit erstrebenswert wird. Man muss ja dort hinwollen können, und dafür braucht es attraktive, reizvolle, anziehende Bilder und Vorstellungen, die an Träume und Geschichten anknüpfen, die Menschen sowieso haben.

Die Raumfahrt der 1960er Jahre war deshalb faszinierend, weil sie an das Zeitalter der Entdeckungen, an die Sehnsucht nach Ferne und Abenteuer andockte, die immer schon Quelle von Faszination war, seit der Odyssee. Das Space-Age prägte auch eine eigene, technoide Ästhetik aus.

Die 68er Kulturrevolution konnte an jene Träume vom besseren und friedlicheren Zusammenleben anknüpfen, die im 19. und 20. Jahrhundert aus Romantik, Naturbewegung, bündischer Jugend und Friedensbewegung hervorgegangen waren. Besonders die Hippie-Bewegung entwickelte einen Lebensstil, der sich extrem von der Normalgesellschaft absetzte; eine zentral wichtige Rolle spielten die Musik und die Festivals: große, international kommunizierte Anlässe von Vergemeinschaftung. Währenddessen und danach kamen die postkolonialen Befreiungsbewegungen, ebenfalls mit einer eigenen Ikonographie, die Anti-Apartheidsbewegung in Südafrika und die Bürgerrechtsbewegung in den USA, die Ökobewegung und, natürlich, die Frauenbewegung.

Sie alle konnten an jene Freiheits- und Gerechtigkeitsideale anknüpfen, wie sie seit der Aufklärung nicht nur in den Wunschhaushalten, sondern auch in modernen Verfassungen formuliert waren, aber nicht für alle auch Wirklichkeit geworden waren.

Und genau hier findet sich ein entscheidendes Bewegungsmoment: Dort, wo die Widersprüche zwischen den Selbstansprüchen einer Gesellschaft und ihrer Praxis zu groß werden, dort entwickelt sich Widerstand. Das ist ein Anknüpfungspunkt für die Politik des Utopischen – in den reichen Gesellschaften am ehesten dort, wo das Ökologische dem Ökonomischen immer nachgeordnet wird und, wie beim Klimawandel, konkrete Überlebensgefährdungen sichtbar und erfahrbar werden. In diese Widersprüche muss man hinein und zeigen, wie es anders geht. In den Formen solchen Widerstands gegen die Fortschreibung des Bestehenden ergibt sich zugleich die gelebte Erfahrung von Veränderung – man bewegt sich ja selbst, zusammen mit anderen, und erlebt dabei die Normalgesellschaft von einer neuen Warte aus. Alles könnte anders sein.

Aleida Assmann

Ressource Zukunft

Auch der Begriff Zukunft hat in seinem Bedeutungsumfang zugenommen. Bislang stand die Bedeutung des Unerwarteten und Unverhofften, das, was im positiven oder negativen Sinne auf uns zukommt, im Mittelpunkt. Weitere Konzepte, die sich hier nahtlos anschließen, sind Utopie, Imagination oder das Neue, die alle mit dieser Zukunftsbedeutung verbunden sind.

Diese Bedeutung der Zukunft war der Motor für das Programm der Modernisierung, deren Möglichkeiten inzwischen an gewisse Grenzen gestoßen sind. Die Aussicht auf permanente Erneuerung und Fortschritt ist zu einem leeren Versprechen geworden. Diese Zukunft *per se* hat heute nicht mehr die Kraft, eine beständige Verbesserung der Lebensverhältnisse zu verheißen. Das heißt jedoch keineswegs, dass die Menschen auf die Ressource Zukunft als einen offenen Erwartungshorizont verzichten könnten. Jede neue Generation, jede Jugend hat einen Anspruch auf ein eigenes, selbstbestimmtes Leben, auf die Möglichkeit, die Welt nach ihren Idealen mit- und umzugestalten. Gewiss sind viele der »riesigen utopischen Vorkommen in der Welt«, von denen Bloch in seiner Friedenspreisrede gesprochen hat, inzwischen verödet und haben hässliche Krater hinterlassen. Aber andere wachsen nach, und »das Noch-nicht-Bewußte, Noch-nicht-Gewordene, das Neue, objektiv-real Mögliche« bleibt für jede neue Generation eine unersetzliche Ressource. Diese Quellen des Antriebs – als Phantasie, als Perspektive, als Projektionen, als Projekte, als Orientierung und Sinn – sind unverzichtbare Lebenskräfte, denn es gibt nichts genuin Menschlicheres als die Hoffnung auf neues Leben und den Wunsch, sich in die Zukunft hinein zu entwerfen.

Luisa Neubauer
Alexander Repenning

*Wir sind Possibilist*innen*

Ob wir optimistisch in die Zukunft blicken? Ja und nein. Wir halten es mit Jakob von Uexküll, dem Gründer des Alternativen Nobelpreises. Von Uexkülls Credo lautet, weder Optimist noch Pessimist zu sein, sondern Possibilist. Was das ist? »Der Possibilist«, sagt von Uexküll, »sieht die Möglichkeiten, und es hängt von jedem von uns ab, ob sie verwirklicht werden.« […]

Während unseres Stockholmer Sommers haben wir viele Beispiele dafür kennengelernt, dass eine gerechte, friedvolle und nachhaltige Welt möglich ist. Was uns antreibt, ist nicht der Glaube, dass alles gut wird, sondern die Überzeugung, dass die Katastrophe nicht unausweichlich und viel Gutes noch machbar ist.

Wir wissen, dass es Lösungen für die großen gesellschaftlichen Probleme unserer Zeit gibt. Ihre Umsetzung ist nicht einfach und vielleicht noch nicht einmal wahrscheinlich – aber sie ist möglich. Und solange diese Möglichkeit besteht, solange lohnt es sich, für sie zu kämpfen, von ihr zu erzählen und Menschen zu ermutigen, Teil dieser Lösungen zu werden.

Possibilismus heißt: die Ärmel hochkrempeln. Während Pessimist*innen schnell in einen ebenso lähmenden wie selbstmitleidigen Fatalismus verfallen, und während es sich Optimist*innen in der Erwartung einer rosigen Zukunft bequem machen, werden wir Possibilist*innen aktiv. Solange eine, und sei es noch so kleine Chance auf ein besseres Morgen besteht, sollten wir heute alles daransetzen, sie zu nutzen.

Es ist unbequem, Possibilist*in zu sein, es ist anstrengend, anzupacken. Ja, es gibt Lösungen, doch hängen sie davon ab, dass eine kritische Masse für ihre Umsetzung mobilisiert wird. Dabei dürfen wir uns nicht beirren lassen. Nicht vom düsteren Bild, das die Klimawissenschaft für die Zukunft zeichnet und das der Zuversicht tatsächlich wenig Raum lässt. Aber auch nicht vom trügerischen Optimismus all jener, die sich dem Glauben an den menschlichen Erfindungsgeist, technologischen Fortschritt und den vermeintlich heilenden Kräften des Marktes verschrieben haben. Während sie immer weiter predigen, es werde schon alles gut werden, sind die globalen Emissionen in Rekordhöhen gestiegen und die Krise verschärft sich Jahr für Jahr.

Das unterscheidet uns Possibilist*innen sowohl von Optimist*innen als auch von Pessimist*innen: Wir wissen, dass eine andere Zukunft möglich ist, aber wir wissen auch, dass wir sie nicht geschenkt bekommen.

Wir sprechen hier nicht für eine »Generation«, was auch immer das sein mag. Wir sprechen auch nicht für *Fridays for Future.* Wir sprechen für uns, wir erzählen aus unserer persönlichen Perspektive. Dabei sind wir inspiriert von unseren Erfahrungen, von dem, was wir mitbekommen, in Gesprächen, im Studium, auf der Straße.

Wir hoffen, dass sich einige in dem, was wir hier schreiben, wiederfinden können. Und wir gehen davon aus, dass sich vermutlich ebenso viele daran stören werden. Wir machen einen Aufschlag. Und sprechen an alle die Einladung aus, Teil der Geschichte zu werden, die wir von nun an schreiben: Sie handelt vom Ende der Klimakrise, von der Haltung, mit der wir der Krise begegnen, und vom Einsatz, den es dafür braucht.

Joachim Ringelnatz

Schwebende Zukunft

Habt ihr einen Kummer in der Brust
Anfang August,
Seht euch einmal bewußt
An, was wir als Kinder übersahn.

Da schickt der Löwenzahn
Seinen Samen fort in die Luft.
Der ist so leicht wie Duft
Und sinnreich rund umgeben
Von Faserstrahlen, zart wie Spinneweben.

Und er reist hoch über euer Dach,
Von Winden, schon vom Hauch gepustet.
Wenn einer von euch hustet,
Wirkt das auf ihn wie Krach,
Und er entweicht.

Luftglücklich leicht.
Wird sich sanft wo in Erde betten.
Und im Nächstjahr stehn

Dort die fetten, goldigen Rosetten,
Kuhblumen, die wir als Kind übersehn.

Zartheit und Freimut lenken
Wieder später deren Samen Fahrt.

Flöge doch unser aller Zukunftsdenken
So frei aus und so zart.

Autoren- und Quellenverzeichnis

Für die im Buch verwendeten Textauszüge wurden zum Teil kurze, prägnante Überschriften gewählt, die in den Originaltexten in dieser Weise nicht enthalten sind.

HANNAH ARENDT (1906–1975), deutsch-amerikanische Philosophin. – S. 71: Verzeihen und versprechen / S. 203: Wir funktionieren. Aus: Vita activa oder Vom tätigen Leben. Piper Verlag, München 1967, S. 301 f., 315 f. / 410 f.

ARISTOTELES (ca. 384 v. Chr. – ca. 322 v. Chr.), griechischer Philosoph. – S. 170: Die Notwendigkeit zu zweifeln. Aus: Metaphysik. Übersetzt von Hermann Bonitz. Rowohlt Verlag, Reinbek bei Hamburg 1966, S. 45

BETTINE VON ARNIM (1785–1859), deutsche Schriftstellerin. – S. 122: Am Morgen klingt's anders. Aus: Goethes Briefwechsel mit einem Kinde. Hrsg. von Waldemar Oehlke. Insel Verlag, Frankfurt am Main 1984, S. 183 f.

ALEIDA ASSMANN (*1947), deutsche Kulturwissenschaftlerin. – S. 283: Ressource Zukunft. Aus: Ist die Zeit aus den Fugen? Carl Hanser Verlag, München 2013, S. 321 f.

CHARLES BAUDELAIRE (1821–1867), französischer Dichter. – S. 221: Aufforderung zur Reise. Aus: Gedichte in Prosa. In: Ausgewählte Werke zweiter Teil. Hrsg. von Franz Blei. Übersetzt von Erik-Ernst Schwabach. Georg Müller Verlag, München ohne Jahr, S. 192–195

WALTER BENJAMIN (1892–1940), deutscher Philosoph und Kulturwissenschaftler. – S. 189: Engel im Sturm. Aus: Über den Begriff der Geschichte. In: Gesammelte Schriften I.2. Hrsg. von Rolf Tiedemann und Hermann Schweppenhäuser. Suhrkamp Verlag, Frankfurt am Main 1974, S. 697 f.

ERNST BLOCH (1885–1977), deutscher Philosoph. – S. 21 Von früh auf will man zu sich / S. 57: Der Mensch liegt sich auf der Zunge / S. 89: Erwartung, Hoffnung, Intention / S. 113: Pandora / S. 125: Keiner von uns könnte nicht auch ein anderer sein / S. 157: Nach der Decke strecken / S. 157: Vom bloßen Wünschen / S. 187: Die Arbeit gegen die Lebensangst / S. 210: Happy-End / S. 215: Übers Ziel hinaus / S. 215: Normal ist das nicht. Aus: Das Prinzip Hoffnung. Suhrkamp Verlag, Frankfurt am Main 1959, S. 1089 / S. 1089 / S. 5 / S. 387–389 / S. 1093 / S. 1616 / S. 1602 / S. 1 / S. 512–515 / S. 1016 / S. 551 // S. 180: Geträumt wird Tag und Nacht / S. 152: Abstrakte und konkrete Utopie. Aus: Tübinger Einleitung in die Philosophie. Werkausgabe Band 13. Suhrkamp Verlag, Frankfurt am Main 1970, S. 92 f. / S. 95

BERTOLT BRECHT (1898–1956), deutscher Schriftsteller. – S. 163: Da ist viel Platz. Aus: Leben des Galilei. Suhrkamp Verlag, Berlin 1955, S. 7–10

GEORG BÜCHNER (1813–1837), deutscher Schriftsteller. – S. 23: Es war einmal ein arm Kind. Aus: Woyzeck. In:

Werke und Briefe. dtv Verlagsgesellschaft, München 1965, S. 130

DANTE ALIGHIERI (1265–1321), italienischer Dichter. – S. 168: Odysseus an den Säulen des Herkules. Aus: Die göttliche Komödie. Übersetzt von Philateles. Droemersche Verlagsanstalt Th. Knaur Nachf., München / Zürich 1960, S. 165 f.

HILDE DOMIN (Hilde Palm) (1909–2006), deutsche Lyrikerin. – S. 239: Nicht müde werden. Aus: Sämtliche Gedichte. Hrsg. von Nikola Herweg und Melanie Reinhold. S. Fischer Verlag, Frankfurt am Main 2009, S. 142

DR. OWLGLASS (Erich Blaich) (1873–1945), deutscher Dichter und Arzt. – S. 155: Letzte Illusion. Aus: Dr. Owlglass Rezeptbuch. Hrsg. von Sebastian Blau und Erich Schairer. Nymphenburger Verlagshandlung, München 1955, S. 359

JOHANN GUSTAV DROYSEN (1808–1884), deutscher Historiker. – S. 215: Die Arbeit des Menschen. Aus: Grundriss der Historik. Zit. nach: Karl Mannheim. Ideologie und Utopie. Verlag G. Schulte-Blumke, Frankfurt am Main 1965, S. 175

ALEXANDRE DUMAS (1802–1870), französischer Schriftsteller. – S. 98: Zurück zum Leben. Aus: Der Graf von Monte Christo. Übersetzt von Edmund Th. Kauer. Wilhelm Goldmann Verlag, München 1961, S. 82–85

KAREN DUVE (*1961), deutsche Schriftstellerin. – S. 150: Potenziale. Aus: Warum die Sache schiefgeht. Verlag Galiani, Berlin. Verlag Kiepenheuer & Witsch, Köln 2014, S. 116–122

ALBERT EINSTEIN (1879–1955), deutscher Physiker. – S. 194: Eine gewaltige Anstrengung. Aus: Über den Frieden. Hrsg. von Otto Nathan und Heinz Norden. Übersetzt von Will Schaber. Herbert Lang & Cie., Bern 1975, S. 494–496

MICHAEL ENDE (*1929), deutscher Schriftsteller. – S. 172: Gedanken eines zentraleuropäischen Eingeborenen (Ausschnitt). Aus: Das Michael Ende Lesebuch. Hrsg. von Hansjörg Weitbrecht. dtv Verlagsgesellschaft, München 1989, S. 167 f., 170

FRIEDRICH ENGELS (1820–1895), deutscher Philosoph. – S. 141: Geschichte wird gemacht. Aus: Karl Marx. In: Karl Marx. Eine Auswahl aus seinem Werk. Bertelsmann, Reinhard Mohn OHG, Gütersloh ohne Jahr, S. 13 f.

EPIKUR (341–270 v. Chr.), griechischer Philosoph. – S. 119: Nicht aufgeben. Aus: Philosophie des Glücks. Übersetzt von Bernhard Zimmermann. dtv Verlagsgesellschaft, München 2006, S. 55

IRING FETSCHER (1922–2014), deutscher Politologe. – S. 199: Macht macht phantasielos. Aus: Überlebensbedingungen der Menschheit. Piper Verlag, München 1985, S. 192–194

SIGMUND FREUD (1856–1939), Begründer der Psychoanalyse. – S. 176: Die Macht der Wünsche. Aus: Studienausgabe, Band X. Hrsg. von Alexander Mitscherlich, Angela Richards und James Strachey. S. Fischer Verlag, Frankfurt am Main 1969, S. 172–174

CHRISTIAN FÜRCHTEGOTT GELLERT (1715–1769), deutscher Dichter. – S. 137: Der Blinde und der Lahme. Aus: Fabeln und Erzählungen. Verlag Philipp Reclam jun., Leipzig 1945, S. 27 f.

ROBERT GERNHARDT (1937–2006), deutscher Schriftsteller und Zeichner. – S. 70: Alles wird anders. Aus: Gesammelte Gedichte 1954–2004. S. Fischer Verlag, Frankfurt am Main 2005, S. 471

JOHANN WOLFGANG GOETHE (1749–1832), deutscher Schriftsteller. – S. 60: Wünsche sind Vorgefühle. Aus: Goethes poetische Werke, achter Band. Autobiographische Schriften, erster Teil. J. G. Cotta'sche Buchhandlung Nachf., Stuttgart 1952, S. 420–422, 454–456 // S. 127: Hinaufgeschaut! Aus: Faust. Der Tragödie zweiter Teil. Verlag Philipp Reclam jun., Stuttgart 1971, S. 5 f. // S. 183: Meine Göttin. Aus: Gedichte. Sämtliche Gedichte in zeitlicher Folge. Hrsg. von Heinz Nicolai. Insel Verlag, Frankfurt am Main 1982, S. 237–239

BRÜDER GRIMM (Jacob 1785–1863, Wilhelm 1786–1859), deutsche Sprachwissenschaftler und Volkskundler. – S. 124: Der goldene Schlüssel / S. 144: Die Bremer Stadtmusikanten. Aus: Kinder- und Hausmärchen. Winkler Verlag, München 1949, S. 809 / S. 180–189

JÜRGEN HABERMAS (*1929), deutscher Philosoph. – S. 236: Der Horizont der Zukunft. Aus: Die Neue Unübersichtlichkeit. Kleine politische Schriften V. Suhrkamp Verlag, Frankfurt am Main 1985, S. 142 f.

GEORG WILHELM FRIEDRICH HEGEL (1770–1831), deutscher Philosoph. – S. 133: Der Trieb der Perfektibilität. Aus: Werke Band 12. Vorlesungen über die Philosophie der Geschichte. Suhrkamp Verlag, Frankfurt am Main 1970, S. 74

HERAKLIT (520 v. Chr. – ca. 460 v. Chr.), griechischer Philosoph. – S. 125: Wir steigen in denselben Fluss / S. 125: Die Sonne ist neu an jedem Tage. Aus: Die Vorsokratiker. Übersetzt von Wilhelm Capelle. Alfred Kröner Verlag, Stuttgart 1968, S. 132 / 130

JOHANN GOTTFRIED HERDER (1744–1803), deutscher Philosoph. – S. 45: Humanität / S. 65: Der Mensch ist frei / S. 257: Gehe aufrecht! Aus: Ideen zur Philosophie der Geschichte der Menschheit. Deutsche Bibliothek, Berlin ohne Jahr, S. 52 f. / 40 / 31 f.

HERMANN HESSE (1877–1962), deutscher Schriftsteller. – S. 74: Stufen. Aus: Gesammelte Dichtungen. Fünfter Band. Suhrkamp Verlag, Frankfurt am Main 1952, S. 781 f.

FRIEDRICH HÖLDERLIN (1770–1843), deutscher Dichter. – S. 187: Zu lang schon, aus: Der Zeitgeist. Aus: Sämtliche Gedichte. Hrsg. von Jochen Schmidt. Insel Verlag, Frankfurt am Main 2001, S. 217

MAX HORKHEIMER (1895–1973), deutscher Philosoph. – S. 190: Die bürgerliche Gesellschaft. Aus: Traditionelle und kritische Theorie. Fischer Taschenbuch Verlag, Frankfurt am Main 1968, S. 145 f.

GERALD HÜTHER (*1951), deutscher Neurobiologe. – S. 80: Raus aus dem Hamsterrad. Aus: Was wir sind und was wir sein könnten. Ein neurobiologischer Mutmacher. S. Fischer Verlag, Frankfurt am Main 2011, S. 111–115

KARL JASPERS (1883–1969), deutscher Philosoph. – S. 106: Ohne Hoffnung leben ist wie nicht leben. Aus: Das Wagnis der Freiheit. Hrsg. von Hans Saner. Piper Verlag, München / Zürich 1996, S. 218 f., 221 f.

HANS JONAS (1903–1993), deutsch-amerikanischer Philosoph. – S. 266: Eine Frage der Verantwortung. Aus: Das Prinzip Verantwortung. Suhrkamp Verlag, Frankfurt am Main. © Insel Verlag, Frankfurt am Main 1979, S. 54 f.

FRANZ KAFKA (1883–1924), österreichisch-tschechoslowakischer Schriftsteller. – S. 86: Eine heikle Aufgabe. Aus: Der komische Kafka. Hrsg. von Günter Stolzenberger. marixverlag, Wiesbaden 2015, S. 75

IMMANUEL KANT (1724–1804), deutscher Philosoph. – S. 43: Sein eigen Werk. Aus: Von den Träumen der Vernunft. Fourier Verlag, Wiesbaden, © Gustav Kiepenheuer Verlag, Leipzig und Weimar 1979, S. 206 f.

GÜNTER KUNERT (1929–2019), deutscher Schriftsteller. – S. 277: Vorschlag. Aus: Gedichte für Zeitgenossen. Lyrik aus 50 Jahren. Hrsg. von Anton G. Leitner. dtv Verlagsgesellschaft, München 2011, S. 126 f.

REINER KUNZE (*1933), deutscher Schriftsteller. – S. 55: Mensch. Aus: Die wunderbaren Jahre. Hrsg. von Karl Corino. Bertelsmann Verlag, Gütersloh ohne Jahr, S. 268

LAOTSE (6. Jh. v. Chr.), legendärer chinesischer Philosoph. – S. 57: Alles Große beginnt als Kleines (Ausschnitt). Aus: Tao te king – Das Buch vom Sinn und Leben. Übersetzt von Richard Wilhelm. dtv Verlagsgesellschaft, München 2005, S. 75

STANISŁAV LEM (1921–2006), polnischer Philosoph und Schriftsteller. – S. 261: Auf die Richtung kommt es an. Aus: Summa technologiae. Übersetzt von Friedrich Griese. Suhrkamp Verlag, Frankfurt am Main 1982, S. 395–398

KARL LÖWITH (1897–1973), deutscher Philosoph. – S. 47: Mangelwesen Mensch. Aus: Sämtliche Schriften Band I. Mensch und Menschenwelt. Beiträge zur Anthropologie. Hrsg. von Klaus Stichweh. J. B. Metzlersche Verlagsbuchhandlung, Stuttgart 1981, S. 271–277

ROSA LUXEMBURG (1871–1919), polnisch-deutsche Politikerin. – S. 104: Ein bisschen Glück ist überall. Aus: Mensch sein ist vor allem die Hauptsache. Hrsg. von Bruno Kern. marixverlag, Wiesbaden 2018, S. 159 f.

NICCOLÒ MACHIAVELLI (1469–1527), italienischer Philosoph. – S. 128: Nur Mut! Aus: Der Fürst. Übersetzt von Ernst Merian-Genast. Verlag Philipp Reclam jun., Stuttgart 1961, S. 134–136

CLAUDIO MAGRIS (*1939), italienischer Schriftsteller und Übersetzer. – S. 240: Utopie und Entzauberung. Aus: Utopie und Entzauberung. dtv Verlagsgesellschaft, München 2009, S. 11–16

KARL MARX (1818–1883), deutscher Philosoph und Ökonom. – S. 231: Das Reich der Freiheit. Aus: Das Kapital. Karl Marx, Friedrich Engels Werke Band 25. Dietz Verlag, Berlin 1972, S. 828

HEINRICH MIDDENDORF (1898–1972), deutscher Priester und Missionar. – S. 94: Warum so verschlossen? Aus: Phänomenologie der Hoffnung. Könighaus & Neumann, Würzburg 1985, S. 77–79

EDUARD MÖRIKE (1804–1875), deutscher Dichter. – S. 175: Ideale Wahrheit. Aus: Sämtliche Werke Band I. Winkler Verlag, München 1967, S. 725

THOMAS MORUS (1478–1535), englischer Staatsmann und Schriftsteller. – S. 226: Sechs Stunden Arbeit. Aus: Utopia. Übersetzt von Klaus J. Henisch. Rowohlt Verlag, Reinbek bei Hamburg 1960, S. 54–58

MOSES (Lebensdaten unbekannt), legendärer biblischer Stammvater. – S. 30: Der Sündenfall / S. 217: Das gelobte Land. Aus: Die Bibel. Übersetzt von Martin

Luther. Deutsche Bibelgesellschaft, Stuttgart 1985, S. 5 f. / S. 195

ROBERT MUSIL (1880–1942), österreichischer Schriftsteller. – S. 116: Der Möglichkeitssinn. Aus: Der Mann ohne Eigenschaften. Rowohlt Taschenbuch Verlag, Reinbek bei Hamburg 1978, S. 16 f.

OSKAR NEGT (*1934), deutscher Sozialwissenschaftler. – S. 76: Wo liegt der archimedische Punkt? Aus: Über Lebens Glück. Steidl, Göttingen 2017, S. 24–27

SUSAN NEIMAN (*1955), amerikanische Philosophin. – S. 139: Rousseaus Beitrag. Aus: Das Böse denken. Eine andere Geschichte der Philosophie. Übersetzt von Christina Goldmann. Suhrkamp Verlag, Frankfurt am Main 2004, S. 82–84

JOHANN NEPOMUK NESTROY (1801–1862), österreichischer Dichter. – S. 131: Das Verfluchtekerlbewußtsein. Aus: Einen Jux will er sich machen. Zit. nach: Närrische Welt. Piper Verlag, München ohne Jahr, S. 46 f.

LUISA NEUBAUER (*1996), deutsche Klimaaktivistin. – S. 285: Wir sind Possibilist*innen. Aus: Luisa Neubauer, Alexander Repenning. Vom Ende der Klimakrise. Tropen Sachbuch. © J. G. Cotta'sche Buchhandlung, Stuttgart 2019, S. 24–26

FRIEDRICH NIETZSCHE (1844–1900), deutscher Philosoph. – S. 134: Möglichkeit des Fortschritts. Aus: Menschliches, Allzumenschliches I. Alfred Kröner Verlag, Stuttgart 1954, S. 37 f.

GIOVANNI PICO DELLA MIRANDOLA (1463–1494), italienischer Humanist. – S. 40: Das Geschenk des freien Willens. Aus: Über die Würde des Menschen. Übersetzt von

Herbert Werner Rüssel. Manesse Verlag, Zürich 1992, S. 8–11

heribert prantl (*1953), deutscher Journalist und Autor. – S. 111: Größer als die Angst / S. 149: Zukunft. Aus: Die Kraft der Hoffnung. Süddeutsche Zeitung Edition, München 2017, S. 11 f. / 13

richard david precht (*1964), deutscher Philosoph. – S. 205: Die 2010er Jahre. Aus: Jäger, Hirten, Kritiker. Eine Utopie für die digitale Gesellschaft. Wilhelm Goldmann Verlag, München 2018, S. 219–221

alexander repenning (*1989), deutscher Klimaaktivist. – S. 285: Wir sind Possibilist*innen. Aus: Luisa Neubauer, Alexander Repenning. Vom Ende der Klimakrise. Tropen Sachbuch. © J. G. Cotta'sche Buchhandlung, Stuttgart 2019, S. 24–26

rainer maria rilke (1875–1926), deutscher Schriftsteller. – S. 59: Einen Anfang muss es geben. Aus: Die Aufzeichnungen des Malte Laurids Brigge. / S. 218: Gottes Gebrauchsanleitung. Aus: Der Brief des jungen Arbeiters. In: Sämtliche Werke. Band VI. Hrsg. vom Rilke-Archiv in Verbindung mit Ruth Sieber-Rilke. Insel Verlag, Frankfurt am Main 1966, S. 788 / S. 1113–1115 // S. 275: Bon courage (Brief an Arthur Holitscher 1905). Aus: Briefe aus den Jahren 1902–1906. Hrsg. von Ruth Sieber-Rilke und Carl Sieber. Insel Verlag, Leipzig 1930, S. 283–285

jochim ringelnatz (Hans Bötticher) (1883–1934), deutscher Lyriker und Schriftsteller. – S. 288: Schwebende Zukunft. / S. 87: Einem ängstlich Einsteigenden. Aus: Sämtliche Gedichte. Diogenes Verlag, Zürich 1994, S. 511 f. / S. 439 f.

JEAN-JACQUES ROUSSEAU (1712–1778), französisch-schweizerischer Philosoph. – S. 135: Vom Gesellschaftsvertrag. Übersetzt von Hans Brockard. Verlag Philipp Reclam jun., Stuttgart 1977, S. 16 f.

BERTRAND RUSSELL (1872–1970), britischer Philosoph und Mathematiker. – S. 159: Die Aufgaben der Philosophie. / S. 259: Zwei Wege. Aus: Unpopuläre Betrachtungen. Übersetzt von Ernst Doblhofer. Anaconda Verlag, Köln 2018, S. 39–42 / S.200–202

RÜDIGER SAFRANSKI (*1945), deutscher Philosoph und Schriftsteller. – S. 66: Die Lust des Anfangens. Aus: Zeit. Carl Hanser Verlag, München 2015, S. 41 f., 48–50

CLAUDE-HENRI DE SAINT SIMON (1760–1825), französischer Theoretiker. – S. 225: Die Zukunft der Menschheit. Aus: Ausgewählte Texte. Übersetzt von Kurt Lalla. Verlag Rütten & Loening 1957, S. 129 f.

FRIEDRICH SCHILLER (1759–1805), deutscher Dichter. – S. 120: Bekenntnis zur Liebe. Aus: Zeichen der Zeit. Ein deutsches Lesebuch Bd. 2. Hrsg. von Walter Killy. Fischer Bücherei, Frankfurt am Main und Hamburg 1960, S. 149

GUSTAV SCHWAB (1792–1850), deutscher Theologe. – S. 24: Wie das Übel in die Welt kam. Aus: Sagen des klassischen Altertums. Insel Verlag, Frankfurt am Main 1975, S. 11 f.

ALBERT SCHWEITZER (1875–1965), deutsch-französischer Arzt und Theologe. – S. 269: Selbst denken. Aus: Lesebuch. Hrsg. von Harald Steffahn. Verlag C.H. Beck, München 1984, S. 312–316

CURT SEIBERT (1898–1975), deutscher Journalist und Autor. – S. 208: Wenn jemand geboren wird. Aus: Das

Nonsens Buch. Hrsg. von Peter Köhler. Verlag Philipp Reclam jun., Stuttgart 1990, S. 209 f.

BARUCH DE SPINOZA (1632–1677), niederländischer Philosoph. – S. 91: Von der Hoffnung. Aus: Kurze Abhandlung von Gott, dem Menschen und dessen Glück. In: Werke in drei Bänden, Bd. 1. Felix Meiner Verlag, Hamburg 2006, S. 75–77

DESMOND TUTU (*1931), südafrikanischer Geistlicher und Menschenrechtler. – S. 182: Traum von einer Welt. Aus: Worte des Friedens. Hrsg. von Bernard Baudouin. dtv Verlagsgesellschaft, München 2005, S. 52 f.

MARK TWAIN (Samuel Langhorn Clemens) (1835–1910), amerikanischer Schriftsteller. – S. 192: Unsere wunderbare Zivilisation. Aus: Briefe von der Erde. In: Gesammelte Werke in neun Bänden, Band 9. Hrsg. von Klaus-Jürgen Popp. Carl Hanser Verlag, München / Wien 1977, S. 618 f.

ROBERT WALSER (1878–1956), schweizerischer Schriftsteller. – S. 249: Die Arbeiter. Aus: Träumen. Prosa aus der Bieler Zeit 1913–1920. Suhrkamp Verlag, Zürich und Frankfurt am Main 1985, S. 87–89

HARALD WELZER (*1958), deutscher Soziologe. – S. 245: Die Renaissance der Utopien / S. 279: Ich stelle mir vor. Aus: Alles könnte anders sein. Eine Gesellschaftstheorie für freie Menschen. S. Fischer Verlag, Frankfurt am Main 2019, S. 265–268 / 284–287

OSCAR WILDE (1856–1900), britischer Schriftsteller. – S. 233: Der Fortschritt ist die Verwirklichung von Utopien. Aus: Der Sozialismus und die Seele des Menschen. Übersetzt von Gustav Landauer und Hedwig Lachmann. Diogenes Verlag, Zürich 1970, S. 33–35

JULI ZEH (*1974), deutsche Schriftstellerin. – S. 34: Schweißausbruch im Home Office. Aus: Neujahr. Luchterhand Literaturverlag, München 2018, S. 35–40